光尘
LUXOPUS

[美] 伊莱恩·卡尼·吉布森 著
宋艾米 译

经营幸福的家

让自己和家人都幸福的相处之道

Elaine Carney Gibson

YOUR FAMILY REVEALED

A Guide to Decoding the Patterns, Stories, and Belief Systems in Your Family

图书在版编目（CIP）数据

经营幸福的家 /（美）伊莱恩·卡尼·吉布森著；宋艾米译 .-- 北京：北京联合出版公司，2024.7
ISBN 978-7-5596-7621-4

Ⅰ.①经… Ⅱ.①伊…②宋… Ⅲ.①家庭关系—社会心理学—通俗读物 Ⅳ.① C913.11-49

中国国家版本馆 CIP 数据核字（2024）第 105718 号

北京市版权局著作权合同登记号　图字：01-2024-2376 号

YOUR FAMILY REVEALED © 2022 Elaine Carney Gibson.
Simplified Chinese language edition
published in agreement with Sounds True Inc
through The Artemis Agency.

经营幸福的家

著　　者：[美]伊莱恩·卡尼·吉布森
译　　者：宋艾米
出 品 人：赵红仕
策划编辑：王乌仁
责任编辑：周　杨
营销编辑：王文乐
装帧设计：王左左
出版统筹：慕云五　马海宽

北京联合出版公司出版
（北京市西城区德外大街83号楼9层　100088）
北京联合天畅文化传播公司发行
文畅阁印刷有限公司印刷　新华书店经销
字数120千字　880毫米×1230毫米　1/32　7印张
2024年7月第1版　2024年7月第1次印刷
ISBN 978-7-5596-7621-4
定价：59.00元

版权所有，侵权必究
未经书面许可，不得以任何方式转载、复制、翻印本书部分或全部内容。
本书若有质量问题，请与本公司图书销售中心联系调换。电话：（010）64258472-800

感谢我的祖先、我的长辈，尤其是我的父亲和母亲
我的祖母波巴、我的祖父
我的姑姑海伦和叔叔汤姆

感谢我的兄弟姐妹、我的堂兄弟姐妹、我的三个儿子
感谢我的孙子孙女们——赛切尔、斯宾塞、斯特拉和海德。

是你们在生活中给我带来灵感和鼓舞，
谢谢你们陪伴着我的心灵和灵魂。

目 录

译者序　　　　　　　　　　　　　　　V
前言　　　　　　　　　　　　　　　　XI

第一章
为何要探索家庭系统　　　　　　001

一个人的行为与他的家庭息息相关，也与其自身的心理过程和情感模式有关。将他的家庭看作一个系统就可以改变对这个家庭的解释，从而理解并解决家庭中存在的问题，并解决他的问题。每个人都是其家庭系统的一部分，而整个系统又大于系统中全部成员之和，系统中的关系环环相扣，互相影响，不断发展，而一个人的改变，会影响其他成员甚至整个家庭。

第二章
家庭如何塑造人　　　　　　　　015

健康的家庭系统会照顾每一个成员，不健康的家庭系统会牺牲某个成员，甚至让所有成员去迁就这个系统。它有着明确且灵活的边界，并鼓励成员与外界健康互动；它给每个成员分配一定的角色或责任，但这个角色或责任不是一成不变的，允许每个人自由进入、走出，以避免承受痛苦；它拥有健康的、"等级"分明的结构，并会随着时间的推移发生结构上的变化，以更好地适应家庭的发展。

第三章
健康沟通的四要素　　　　　　　043

好的关系依赖于良好的沟通和解决问题的能力。家庭应是一个允许表达感情和需求的空间，倾听并重视成员们遇到的问题，才能解决问题，避免问题升级为难题。

第四章
独立又紧密　　　　　　　067

身份认同指一个人如何评价自己在所属团体中的归属感、认同感和自我价值感，从而决定他有没有安全感。一个人越有安全感，就越不可能牺牲自己的欲望和需求来换取爱和接纳。健康的家庭允许每个成员在情感上独立，有自己的思想，能体验自身感受的同时又能与其他成员保持感情联系，既不过于紧密也不过于疏离。

第五章
伤人的"三角"　　　　　　　091

在家庭中，每当两个人的关系太过亲密或者太过疏远时，一方或者双方就会变得焦虑，他们通过将第三人卷进关系中，减少自身焦虑，并稳定家庭系统。那些维持多年又无法改变的三角关系往往十分僵化，严重伤害卷入其中的成员，强迫其扮演拯救者或替罪羊，甚至变成"家中的病患"，令其痛苦不堪。

第六章
亏欠 　　　　　　　　　　　　　　　117

一个人从原生家庭继承的遗产、无意识的忠诚，有时会阻碍他成为一个独立的成年人，甚至影响他的婚姻和子女。所以，我们每个人都有一个"账本"，记录着自己与父母之间、与手足之间的权利和债务，账目越平衡，我们就越能自由、充实地生活，也越容易与他人建立健康的亲密关系。

第七章
家庭的秘密 　　　　　　　　　　　145

没有隐私，一个人会失去自我意识和幸福感，但不是所有的秘密都能确保你在自我关爱。如果继续隐瞒那些难以启齿的事情，特别是破坏性的家庭秘密，可能会给你和你在乎的人带来更大的伤害。

第八章
故事、神话和仪式的强大力量 　　　163

探索家庭中的故事、神话和传统仪式，我们会了解和领悟"我"是如何形成的。但有时，我们可以重新修改和撰写这些故事、神话和仪式，为陈年旧事赋予新的意义，摆脱不以自己为中心的剧本，做自己人生的主宰。

后记	185
写给治疗师的话	189
术语表	191
注释	195

译者序

家是爱生长的地方

第一次读到"Family is where love grows"这句话,是在一本印着暖心格言的日记本上。那时我是英语系的大一新生,条件反射般把这个简单的句子翻译成中文"家是爱生长的地方"。翻译完我才发现,这是一个很有"魔力"的句子,它既像文字游戏一样有趣,又像谚语一样耐人寻味。如果分别强调句子中不同的词,这句话好像可以品味出几种不同的意思:

"家是**爱生长的地方**。"

"家是爱**生长**的地方。"

"家是**爱**生长的地方。"

"**家**是爱生长的地方。"

自那时起,我的心里就有个疑惑:这个看似有些歧义的句子,究竟要怎样翻译、怎样理解,才是正确的?

十五年前,我和先生相识相恋,并走进婚姻。我们的原生家庭都不错,婚后也都在很努力地经营自己的小家庭,但婚戒上干净剔透的钻石总是会在生活的烟火气中沾染上一丝尘埃。我们也会有分歧和争吵；也会像所有的中国家庭那样，在有了小孩后变成"双人床上睡着六个人"。

婚后的我总会想起那句"家是爱生长的地方"。有时，这句话像个美好的愿景，指引我努力把家经营成"爱生长的地方"。而有时，我又会怀疑这句话的合理性：我已经为柴米油盐、孩子工作操碎了心，哪里还有心思考虑"爱"？既然家是"爱生长的地方"，为何家还让我这么累？我似乎已经不想探究大学时心里的疑惑，也懒得再思考"家是爱生长的地方"该如何理解。

2016年，我开始学习心理咨询和家庭治疗。在学习过程中，我感受到家庭治疗的温暖。每当听到"萨提亚"、"米纽琴"这些家庭治疗大师的名字，内心深处仿佛就有了支撑和力量。我也能更深刻地理解柴米油盐中感受到的"累"。

在家庭治疗视角中，家庭内部存在各种"三角关系"，即两位成员之间关系出现问题时，会将第三位成员拉进来，组成一个包含三个成员的三角关系。三角型是稳定的，因此三角关系也能维持家庭关系稳定，但可能会伤害三角关系中的某位成员。家庭中如果存在多个三角关系，这些三角关系环环相扣，就会在家庭内部形成"三角缠"关系，三角缠也有保持家庭稳定的功能。

比如在一个大家庭中，婆婆和大儿媳关系紧张，婆婆把小姑子拉进自己的阵营压制大儿媳，形成"婆婆—大儿媳—小姑子"这样的三角关系；而大儿媳为了不让自己孤立无援，就和妯娌统一阵线，形成"大儿媳—小儿媳—婆婆"这样的三角关系。婆婆和大儿媳，同处于两个不同的三角关系中，这两组三角关系可能会互相影响。而大家庭中可能会存在多个这样的三角关系，这些关系看起来既纠缠又复杂，很难让某个家庭成员独善其身，这正印证了中国的一句古话——"清官难断家务事"。

尽管大家庭中的成员关系不容易梳理清楚，但大家庭也有自己的优点。其中一个显著优点就是：大家庭人多力量大，容易实现家庭分工，大家各司其职、互相协助，帮助整个家庭更好地发挥功能。比如，我的朋友Ａ女士常和我讲起她的小舅。在Ａ女士小时候，她小舅一直宅家啃老，因为那个年代就业压力大，很多家庭都养着"待业青年"，小舅闲来无事就在家备战高考。虽然Ａ女士的外婆每天都张口闭口说小舅"没工作"、"吃白食"，但是每当家族里的孙辈来到外婆家时，外婆都会吩咐小舅："你看着他们把作业写完，我去厨房烧饭！"于是，小舅成了"托班老师"和"孩子王"，这样的家庭分工不仅能让外婆腾出时间为全家准备可口的晚饭，也能让小舅的哥哥姐姐们在下班前有个托管孩子的地方，而家里的小孩们也在小舅的辅导下每个都成绩优秀。可以说，小舅很好地完成了自己的"任务"。小舅参加了三年高考，最后被南方一所大学录取，一路"开挂"读到博士，毕业后成了大学老师。

然而，小舅虽然离开了家开拓自己的人生，外婆这么多年却依旧在给小舅委派各种"任务"。Ａ女士大学毕业后，外婆下令让小舅给Ａ女士介绍个工作；Ａ女士的表弟要考研，外婆也要求小舅给安排一下……小舅虽然通过高考离开了家，但又仿佛从来没有真正离开。Ａ女士对小舅敬重和感激的同时，也会替小舅感到心累。如果从家庭治疗的角度来讨论Ａ女士外婆家的分工，那小舅似乎一直在为家族下一代人的学业和前程负责。其实这项分工应该在他离开家读大学时就结束了，但外婆始终阻挡着小舅走出他曾经的角色——"托班老师"和"孩子王"，她似乎不希望这个最小的儿子真正离开家。其实，家庭功能良好的表现之一就是：尊重个人的感受，允许家庭成员放下无须再负担的角色。

当然，这种来自大家庭的关系绑架在当下越来越少，因为家庭中的一切都不是一成不变的。如果社会环境、文化和思想等外部因素发生改变，家庭也会随之发生改变，大家族中的"三角缠"关系、让人感到有负担的分工，可能渐渐都会变成历史。比如，我们"80后"在结婚生子后，很少会受到"三角缠"关系的困扰。最直接的原因就是我们大多是独生子女，婚后基本不会面对小姑子、妯娌这样的家庭角色。婆媳关系的三角化，可能会体现在婆婆试图拉拢自己的儿子或者孙辈。此外，个性、独立等思潮在这二三十年中对社会产生了影响，人们开始更加关注自己的内心感受、个人成长、个人边界等话题，无论是父母一辈还是子女一辈，大家心中渐渐有了约定俗成的想法：小夫妻婚后要独立出去单独住，和父母在空间上保持边界，这样可以减少家庭矛盾。

然而，家庭关系不再复杂了，我们的压力就减少了吗？仿佛并没有。我们这代人在生活中面对的问题更加多元化。比如，不再疲于应对大家族的复杂关系时，我们有更多的时间和精力与配偶及子女相处，但无论是配偶关系还是子女关系，太疏离或太用力都会在家庭中引发问题。再比如，当下的人们非常重视孩子的教育，无论是"原生家庭"、"亲子关系"、"家庭教育"这些指导理论，还是"内卷"、"青春期"、"心理健康"这一类大家不得不关注的话题，或多或少都会让我们卷入焦虑之中。而现在的社会大环境，也会让我们感受到压力：经济高度市场化让"铁饭碗"基本不存在，裁员、失业降低了大家内心的稳定感和安全感，职业压力又会引发生活焦虑，一并影响到我们的小家庭，因此我们常见这样的夫妻：在外奔波、疲于养家的丈夫，和独自带娃、孤单无助的妻子。这样失衡的夫妻分工，会不会给配偶关系、亲子关系带来挑战？肩负相夫教子的重任、扮演贤妻良母的角色，这样的安排妻子真的喜欢吗？如果妻子在孩子上学后，想要走出贤妻良母的角色去好好经营事业，丈夫会不会用"以孩子为主"、"要二胎"等理由，继续将妻子留在家中？

这些焦虑、压力、无助，该怎样化解？一切从家庭中来，一切也应该回归到家庭中去。我们可以通过学习和提升，带着领悟和方法，以全新的面貌再次一头扎进难缠的家务事中。我非常推荐伊莱恩·吉布森女士这本书。第一次翻开，我就被书中温暖又治愈的氛围感深深吸引了，仿佛我就与这位平易近人、眼中闪烁着智慧的长者对坐在她的会客厅里，听她为我讲述什么是家庭。家庭治疗本身就是一门有温度的学问，这本书也是一本有温度的书。书中的每一个案例，都像是一部家庭影片，真实生动又给人以思考和启发。

也正是伊莱恩·吉布森女士的书，让我对那句"家是爱生长的地方"有了更丰富的理解——

"家是**爱生长的地方**"：家是一个什么样的地方呢？家是一个充满爱的地方。

"家是爱**生长**的地方"：家庭像肥沃的土壤，可以滋养爱生长。

"家是**爱**生长的地方"：让爱成为家中的主旋律，因为爱可以化解分歧和仇恨，可以治愈家里的每一个人。

"**家**是爱生长的地方"：爱是从家庭中萌芽并生长的，我们在家庭中体验到爱，也在家庭中学会了爱自己和爱别人。

现在，我对这句话的理解是：爱呵护着我们在家庭中长大，爱维系着家人之间的关系，爱又可以治愈家中的每个人，爱在我们离开家时为我们护航，爱又指引着我们回家。家庭既是我们心中最柔软的部分，也是我们最坚强的后盾。

前　言

　　家庭本应是一个人最重要的快乐源泉，但家庭有时却让我们处于痛苦的挣扎之中。我写这本书时怀着这样的期许，让读完这本书的人试着解码自己的家庭，了解家庭系统运作的相关知识，进而更深刻地了解家庭动力，在探索中更加全面地了解自己、了解和自己有关的人。

　　21世纪，家庭的结构和形态发生了巨大的变化。我们的社会不仅开始接受和承认多种族家庭和多元文化家庭，也开始高度接纳单亲家庭、重组家庭以及同性伴侣家庭。此外，几代同堂的家庭似乎已经成为历史；在当今社会中，家庭成员们彼此通常住得远，大家一起面对面相处的时间变少了。这不仅对家庭中的每个成员产生了巨大的影响，也对家庭成员之间的关系产生了巨大影响；而这样的空间距离也许还会改变家庭关系对家庭成员造成的心理影响。因此，尽管我们已经十分了解在现代社会中家庭发生了何种变化，但不能忽视这些变化给我们的生活和人际关系带来的影响。

　　我在这本书中介绍了家庭系统理论的一些基本概念，并鼓励读者运用这些概念来更加全面地理解原生家庭的功能、模式和发展过程——它们塑造了我们的过去，并且持续影响着我们当下生活的方方面面。另外，这些概念也有助于我们理解自己目前的关系状态如何影响了自身所在的整个大家庭系统。

本书是一本通俗易懂的操作指南，为读者呈现了家庭如何以各种方式深刻影响着每一位家庭成员，如：

- 家庭如何影响一个人的价值观和信仰
- 家庭如何影响一个人在周围世界中对自我和身份的感知
- 我们如何从家庭中学习处理关系的技巧及感性的表达方式/理性的表达方式

关于这些影响，你理解得越多、认识得越深刻，就越清楚自己想要成为什么样的人，也越有力量去成为那样的人，并且能以自己喜欢的方式与他人和谐相处。

我是在1973年获得心理咨询硕士学位的，这段求学经历赋予我新的思维方式。在20世纪50年代之前，心理学研究只关注个体，而在我攻读硕士期间，一种全新的心理治疗方式在精神健康领域崛起——家庭治疗（也称关系治疗）。这一源于家庭系统理论的治疗方式深深吸引了我，使我至今还对其着迷。

我有幸成为家庭治疗和夫妻治疗这个新领域的早期实践者之一。从业这些年，我为成百上千的个人、夫妻以及家庭提供咨询服务，并且还在大学里教授婚姻及家庭治疗的相关课程。尽管已经在这个领域工作了很多年，我依旧被家庭系统理论和家庭治疗的研究深深吸引。

人生的迷宫

作为独立的个体，我们都在一座"人生的迷宫"中旅行。我的脑海中经常会联想到这样的画面：每个人都从迷宫的中心出发，先和赋予我们生命的母亲邂逅,然后再走进原生家庭。我们就这样开始了各自的生命旅程,从原生家庭走向外面的世界。

我们在人生迷宫中练习如何行走,渐渐领悟到:偶尔回到生命起点是一件非常必要的事,因为这可以帮助我们真正地理解自己、认识自己。人生迷宫里的旅行是一场心灵的旅行。我们会经常回顾自己在生命之初与家人相处的那段经历,但我们对这段早期经历的看法和理解并不是一成不变的。随着年龄的增长,我们会步入人生的不同阶段,这些看法会随着时间的推移而发生改变,理解也会愈发深刻。对于自己在原生家庭的成长经历,20 岁的我们会比 10 岁时理解得更加深刻和全面。而当我们步入不惑之年时,对家庭的理解又会升华到更高的境界,尤其是那些常常在迷宫中来回穿行的人:折返到起点不断探索,再带着领悟回到现在。

有的人从来没有真正地离开家庭,因此也就无法以旁观者的视角去理解家庭动力。而有的人虽然不断地远离家庭、发展自我,却不愿意定期回头去体验、思考并加深对家庭的理解,因此他们常常感觉自己和家庭的联系不够紧密。这样的人或许不只感觉到与家庭疏离,也会感觉和自己疏离。每个人都需要在人生的迷宫和家庭中探索穿行——走进原生家庭,探索外面的世界;一次次返回家庭和原点,再一次次离开——或许唯有这样,才能真正理解我们是谁。

对于有些人来说,他们的家庭一向乐观积极。每当他们回归家庭的怀抱——无论是身体上、情感上还是精神上,都像是在拥抱一块能量之石,这块神奇的石头能赋予他们源源不断的力量和爱。而有些人的家庭素来悲观消极,回归家庭是一件让人感到痛苦的事,哪怕只是情感层面和精神层面的回归,也会让他们如坠深渊。我们大多数人都想逃避这样的深渊。可智者却常常劝导人们去面对,因为真正有效的治愈方式是勇敢跳入深渊,并努力在深渊中寻找光明。

对于大多数人来说,家庭对我们的影响既有正面的也有负面的。好坏参半似乎是人生原本的样子。

我想在这里说明一件事:我并不主张过度关注从前的经历。相反,我非常赞同并鼓励大家积极地活在当下,因为这样才能让我们充满活力,并激发自己的力量。然而,一个人的过去确实对他的当下有着巨大的影响。因此,我主张人们以为当下的自己寻找知识和力量为目的、有意识地审视过去。如果我们回避这种有意识的探索,"过去"仍然会影响我们——我们意识不到、也无法觉察"过去"以何种方式影响着我们的当下。因此在我个人看来,我更喜欢有意识地生活——为了过好当下而有意识地反思过去。

可以从目录中看出,本书的每一章都解释了一个与家庭系统理论有关的概念。在每一章的末尾,我都为大家准备了问答题和练习,鼓励大家去思考。你也可以准备一个本子记录下你的答案,这样或许更有助于你去理解这些问题。有些问题适合与家人共同思考,因此我鼓励大家尝试和家人一起讨论,并与他们分享你的想法和担忧。

邀请你开启这段旅程,
在人生的迷宫中穿行,
折返到起点不断探索,
再带着领悟回到现在。

希望你接受这份诚挚的邀请,
把这本书当作探索人生的指引。

第一章

为何要探索家庭系统

一个人的行为与他的家庭息息相关，也与其自身的心理过程和情感模式有关。将他的家庭看作一个系统就可以改变对这个家庭的解释，从而理解并解决家庭中存在的问题，并解决他的问题。每个人都是其家庭系统的一部分，而整个系统又大于系统中全部成员之和，系统中的关系环环相扣，互相影响，不断发展，而一个人的改变，会影响其他成员甚至整个家庭。

每个人身上都有自己祖先的印记。
——
拉尔夫·沃尔多·爱默生

知人者智,自知者明。
——
老子

这件事情回想起来就像一场梦。

一个男人在讲坛上用洪亮的声音讲道:"人类回馈给造物主最大礼物就是认识自己。"

我那时九岁,是一个好奇又达观的孩子,这句话让我思考良久。我相信正是对于这句话的种种思考,才让我走进了心理治疗领域,尤其是婚姻和家庭治疗领域。

让我开启自我探索之旅的人是我的奶奶,大家都叫她"波巴"。她非常喜欢讲我们家的故事,所以我在年轻时就明白了一件事:家族世代传承的故事,以及故事中那些真实的或者带有想象色彩的历史,定义了我们如何看待自己,也定义了我们的生活和身边人的生活。

"认识自己"是我们送给自己、伴侣以及孩子的最好礼物。如果不去了解原生家庭,我们很难理解自己是一个什么样的人。我们大家都明白,生活中的关系和事件并不会轻易被抹去,它们还会继续影响着我们的孩子,决定他们长大后会成为什么样的人。而故事恰恰可以帮助我们了解家庭的价值观、了解那些对自己而言很重要的人和事,也可以帮助我们了解自己是谁,以及自己在世界中所处的位置。

关于"我是谁"的故事,我们从别人口中听到,也从自己口中听到;别人讲述的故事影响了我们,而自己讲述的故事则定义了我们,毕竟我们和自己对话的时间远远超过和别人谈话的时间。过去的经历影响着我们现在的想法。我们就像电脑，所见所闻和所经历的事情可以对我们进行"编程"。

我在书中提到的家庭价值观是指：家庭的决心意志、愿景希望和目标规划；家庭如何支持家中的每一个人；家庭在不同阶段的发展任务，这些任务可能会引起家人之间的困惑和冲突，家庭如何应对发展任务，也是家庭价值观的重要组成部分。

在我看来，健康家庭并不是"没有问题的家庭"，而是有韧性的家庭，这些家庭擅于利用手中的资源渡过困难或危机。

家庭常常会经历一些可预见的发展性变化，如结婚、生子、孩子青春期、孩子成年离家、搬迁或老人离世等。这些发展性变化有时会引发家庭危机。

家庭也会经历一些无法预测、突如其来的危机，如孩子、配偶或父母的过早离世。除此之外，还有许多情况也会导致家庭危机，如破产、经济拮据、生病、配偶出轨、婚姻破裂、孩子的监护权问题、再婚、重组家庭、因读书或参军或工作等原因造成家庭成员分离、酗酒、吸毒、虐待、性取向问题、自杀等。

没有一个地方可以和家相提并论

与传统的精神分析理论不同，家庭系统理论关注家庭成员之间的动力，而不是某个人的心理。因此，家庭系统理论是一种可以被用来理解人类心理的关系模型。而家庭成员之间的关系，特别是远近亲疏的变化，被认为是人类行为背后的主要驱动因素之一。

家庭系统理论不仅探讨了目前生活在家庭中的每一个人，也会从时间和辈分角度探讨家庭的好几代人以及整个大家庭，包括祖父母、姑姑阿姨、叔伯舅舅、亲兄弟姐妹、堂兄弟姐妹、表兄弟姐妹，等等。大多数家庭治疗师认为，想要了解一个家庭系统，至少要了解这个家庭中的三代人，无论是活着的还是作古的，无论是住得很近经常走动的，还是住得很远关系疏离的。

家庭成员之间不仅会分享家族的历史，也会分享一些关于自己、他人以及世界如何运转的假设和信念。我们在家庭中学会了如何用关怀、帮助和支持等方式与别人建立关系；相反，我们也知道那些伤人的、有害的和破坏性的相处方式会给关系造成负面影响。

正如《绿野仙踪》中的多萝西说的那样："没有一个地方可以和家相提并论。"事实的确如此。也许你成长在一个有爱的、安全感十足的家庭中，这个家庭给了你许多充满爱意的美好回忆。也许你在一个混乱的、安全感缺失的家庭中长大，一想到"家"，你心中也许会难过和委屈，有时甚至会感受到创伤。然而，无论经历什么样的家庭环境，我们依旧觉得"没有一个地方可以和家相提并论"。我们在家庭中经历的关系塑造了我们对自己是谁的认知、我们对自己的感觉，以及我们如何与别人建立关系和依恋。

家庭治疗师认为，我们与其他家庭成员之间的关系产生的力量和影响并不会因为某位家庭成员的离世而终结。距离和死亡都无法让我们摆脱家庭的影响。尽管我们无法选择家庭，但可以选择以何种方式应对家庭带来的影响，这才是获得幸福的关键。

我们都经历过创伤。

之所以这样说，是因为我还没有遇到过从未在生活中体验过情感痛苦的人。也许我们会失去至亲至爱的人，失去心爱的宠物。伤痛或疾病有时候不仅会造成身体上的创伤，也会造成心理上的创伤。有时候我们会遭受欺凌，或者感觉自己受到了不公正的惩罚。我还记得自己儿时的一位好友，如果成绩单上有哪门功课没得到A，她就会被父母禁足一个月。

我们当中有些人很幸运，没有经历过严重或频繁的创伤。但有些人很不幸，他们遭受过强烈的、毁灭性的情感创伤和心理创伤，并且创伤带来的影响一直持续至今。他们也许经历过一件或几件创伤性事件，这些事件让他们情绪失控、麻木、极度焦虑、缺失与自我和他人的连接或丧失安全感。

更让人痛心的是，许多人遭受过严重的情感、身体和语言虐待，而这些创伤的罪魁祸首竟然是亲人。在我看来，家庭虐待是最深刻、最黑暗、最具毁灭性的背叛。

无论是重复体验童年时期的创伤，还是在成年后经历创伤事件，内心的耻辱感和内疚感会给创伤幸存者带来长期的痛苦。许多创伤幸存者表示，他们有时会在人际关系中遇到困难，尤其是和他们最亲密的人。创伤幸存者往往会被抑郁、焦虑和低自尊所困扰。

尽管创伤会阴魂不散地缠着幸存者，并给他们带来身体上、思想上和精神上的痛苦，但依旧有很多幸存者有能力从创伤中恢复过来。治愈这些创伤需要时间和决心。我的同道凯瑟琳·麦克考尔女士在她的励志回忆录《沉默的创伤》(*Never Tell*)中，讲述了自己走出童年性虐待阴影的心路历程，也向我们展示了性虐待幸存者及其伴侣的治愈潜力。

从创伤中得到治愈的过程是一场改变自己的旅程，它可以让我们在身体、思想和精神上得到提升。

这是一场探索关系的旅程，它可以治愈遭受过心理创伤的大脑，也可以治愈依恋带来的伤害，从而让我们对自己和他人的觉知达到一个平衡且积极的状态。此外，深入理解家庭动力可以帮助我们做出更好的选择，引导我们用更健康、更有趣的方式过好当下的生活。

家庭治疗技术的使用需要站在系统论①的视角。在系统视角下，家庭被视为一个整体，且家庭中的每一个成员都会相互影响；关系的相互作用以及相互作用的模式成为探索人类问题的重点。因此，系统性视角聚焦于系统成员之间的关系和连接模式（循环思维），而不是因果关系（线性思维）。

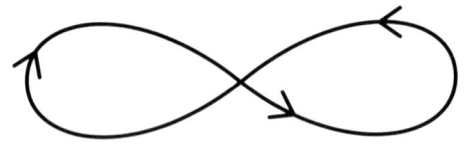

图 1.1　反馈环路

○ 反馈环路

控制论②是二十世纪四五十年代在第二次世界大战期间，数学家和工程师设计的基于反馈环路原理运行的机器，他们认为信息可以反馈到系统中，使系统对该信息做出反应。

那么，这一理论给心理治疗领域的实践带来了哪些影响呢？

在家庭系统理论发展的早期，人类学家和交流理论家研究过家庭

---

① 系统论在 20 世纪 30 年代被创立，其主要任务是以系统为对象，从整体出发来研究该系统及系统中各要素之间的相互关系，从本质上说明其结构、功能、行为和动态，以把握系统整体，达到最优的研究目标。——译者注
② 家庭治疗的主要理论来源，除了系统论，还有控制论。控制论是一门关于生命体、机器和组织内部的控制和通信的科学，其核心概念是"反馈"——把信息输送出去，又把其作用结果返送回来，并对信息的再输出起到控制作用，以达到预定目的；反馈又分为正反馈和负反馈。随着系统论和控制论的发展，家庭系统理论也在二十世纪四五十年代开始发展。——译者注

成员如何以循环模式（即反馈回路）相互回应。而在系统论和循环因果关系被人们所熟知前，治疗师的工作往往遵从线性因果的思想。

举个例子来解释一下线性因果关系和循环因果关系之间的区别：

> 一名15岁的男孩逃学吸毒，于是母亲带着他接受心理治疗。治疗师了解到男孩父亲最近失业了。男孩表示，他对父亲很生气，因为他的父亲只是"坐在沙发上"，并没有努力找工作。于是，治疗师假设儿子是通过行动化来表达对父亲的愤怒（线性因果关系）。根据这个假设，治疗师认为父亲导致了儿子现在的行为：父亲→儿子，或者说 A→B。

而带着系统视角的家庭治疗师也会承认这一假设，但更多的是希望通过尝试理解家庭中所有关系的相互作用来探索为何这个家庭的问题会表现为15岁儿子的行动化。换言之，家庭治疗师会考虑家庭中的每个人是如何影响其他人的。

儿子是家中"指定的病人"，家庭成员们也一致认为儿子需要接受心理治疗。然而，在家庭治疗师眼中，生病的却是整个家庭系统。如果我是这个家庭的治疗师，我希望在第一次访谈中就见到所有的家庭成员。这样我才更有可能去帮助这个家庭识别不健康的或破坏性的关系模式，因为恰恰是这些关系模式给某些家庭成员带来痛苦。通过和全体家庭成员的访谈，我可以帮助他们建立更健康、更有成效的关系模式，并最终帮助这个家庭解决儿子逃学吸毒这个"表面问题"。

我会邀请整个家庭参加第一次访谈，包括父亲、母亲、15岁的儿子（指定的病人），以及13岁的女儿。我会对所有走进咨询室的家庭做详尽的家族史调查，先从核心家庭开始，也就是目前出现问题的家庭。在这个案例中，核心家庭的成员是父亲、母亲和两个孩子；而家族史的调查要至少包括三代人。随着调查的深入，我发现父亲除了失业这一遭遇之外，还经历了丧母之痛——他的母亲刚刚死于一场车祸。13岁的女儿说，母亲比从前更加贪杯，并且脾气变得异常暴躁。女儿将自己当下的状态描述为：宁可躲在自己的房间里，也不愿意和朋友们在一起。而15岁的儿子则郁郁寡欢，但是他会将自己的愤怒毫无保留地宣泄给父母。

对于这样一个家庭，我的假设是：父亲正处于抑郁状态，不仅因为失业和丧母，妻子酗酒和儿子行为出格都会对他产生影响。而父亲和儿子的情况，让这个家庭的母亲沮丧又气愤，家里的经济状况也让她忧心忡忡。儿子开始与家庭分离（这是正常的发展任务），因此这个年龄段的他会时不时感觉又生气又害怕。女儿非常担心父亲的健康，以至于不敢出门，她担心自己的家正在分崩离析。

因此，在面对这个家庭的问题时，我们用循环思维来代替线性思维，用循环因果关系来替代"父亲→儿子"的线性因果关系。如图：

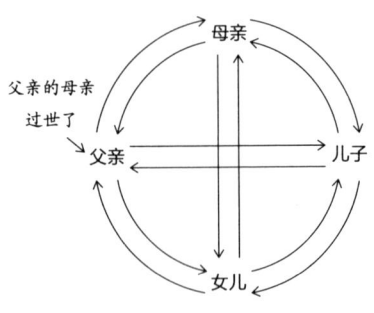

图1.2 循环因果关系

将家庭看作一个系统，可以改变这个家庭解释、理解以及解决当前问题的方式。

这种治疗方式的重点并不在于找出可能引起问题的导火索，而是要识别那些助长不健康模式的无成效/破坏性的关系互动方式，然后再用更健康、更有成效的关系互动方式来取代它们。正如这个案例中所展示的，大家庭会影响每一个家庭成员的境遇，家庭成员之间会相互影响。哪怕是已经过世的家庭成员，也依旧会影响着家庭中的每一个人。

家庭这个小系统也必须被放在更广阔的背景或更大的系统中来观察。文化和社会可以给家庭造成广泛且深远的影响。性别、阶级、种族、性取向、宗教和经济地位都会影响一个人的价值观和信仰。我的经验是，当社会处于转型期或出现危机时，一个家庭及其成员所受到的影响远远大于社会安定时期。例如，当一个国家爆发战争时，每个人、每个家庭都会受到影响。当然，有些人受到的影响会比其他人更大。

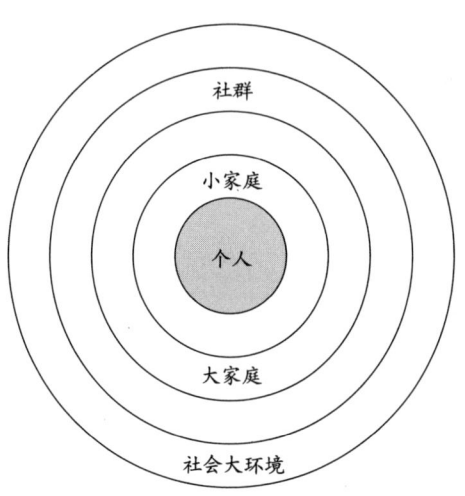

图 1.3　在更广阔的背景下观察家庭

在我与个人、夫妻和家庭一起工作的这些年里，我的许多来访者会在治疗期间向我倾诉：美国目前正在经历的问题给他们带来了很深的影响。虽然这些影响不能被忽略，但这本书的重点并不是讨论社群、社会大环境以及世界性事件，而是聚焦于核心家庭（生活在一起或者分开的父母以及子女们）和大家庭。

◊ 家庭系统理论的主要假设

从上文的介绍中可以看出，家庭系统理论是一门关于心理治疗的哲学，治疗师在与个体、夫妻和家庭工作时都可以借鉴。家庭系统理论认为每个人都是某个系统的一部分，系统中的关系环环相扣、交互影响；这个系统是不断发展的，并且整个系统大于系统中每个个体之和。因此，我们不能抛开系统去孤立地理解任何一个人，因为每个人都被嵌入一系列的关系之中。因此：

一个人的行为与家庭的互动过程有关，也与其自身的内在心理过程或情感问题有关。家庭中某一个成员身上的变化会影响到其他成员和整个家庭。

家庭有许多鲜明的属性，包括：

- 为每个成员分配角色和赋予角色
- 有一整套规则
- 有自己的组织结构
- 复杂多样的沟通交流形式，包括公开透明的和隐密的
- 谈判和解决问题的特殊方法

家庭是一个有组织的社会系统，在这个系统中，每个家庭成员都会：

- 维护共同的历史
- 分享对"家庭"的理解
- 分享对自己家庭身份的看法
- 分享对世界的假设

理解家庭（模式、关系、历史和故事等）会让我们生活得更加美好和自由。但理解家庭的目的不是指责和挑剔，而是利用我们的知识、感悟和理解来有意识地决定我们想要以何种方式在这个世界上生活，以及我们想要以何种方式感觉、思考和行动。

感悟和理解就是力量，是我们选择改变的力量，是选择思考、感受和行为方式的力量，是让我们蓬勃发展的力量。正是有了这股力量，才能让我们不被命运这台"自动导航装置"所左右。无论我们经历过何种程度的创伤，知识、感悟和理解都会赋予我们力量，让我们决心开启治愈的旅程。

愿你踏上治愈之旅。愿你在路途中寻得自己所需要的帮助和支持。

正如我们在前文中提到的，这本书里诠释了家庭系统理论中的一些基本概念，目的是鼓励读者运用这些概念去更全面地了解家庭功能、家庭模式和家庭历史如何影响着自己的过去和现在。

愿你可以运用这些知识来治愈自己、创造自己并创造生活。我坚信哲学家弗朗西斯·培根在他1597年的著作《沉思录与人类哲学》中说过的一话："知识就是力量。"

反思你的原生家庭

1. 在你的原生家庭中,家庭成员们对你的家庭身份有什么假设和信念?(站在每个家庭成员的角度考虑这个问题。)

2. 你在家里学到了哪些关于世界的假设,试着找出一些。对于世界是如何运转的,你和家人的假设相同吗?

3. 关于家庭的意义,你在家庭中学到了哪些?现在,你对家庭这一概念的理解是否和从前有所不同?

第二章

家庭如何塑造人

健康的家庭系统会照顾每一个成员，不健康的家庭系统会牺牲某个成员，甚至让所有成员去迁就这个系统。它有着明确且灵活的边界，并鼓励成员与外界健康互动；它给每个成员分配一定的角色或责任，但这个角色或责任不是一成不变的，允许每个人自由进入、走出，以避免承受痛苦；它拥有健康的、"等级"分明的结构，并会随着时间的推移发生结构上的变化，以更好地适应家庭的发展。

> 世界是个舞台,
> 男男女女都不过是演员:
> 有他们上场和下场的时候,
> 而一个人一生中扮演许多角色……
>
> **威廉·莎士比亚**
>
> 许多父母为了让孩子活得轻松些,对他们的生活过于热心积极,反而让孩子的生活充满困难。
>
> **约翰·沃尔夫冈·冯·歌德**

我们可以运用很多种方法去思考和探索一个家庭系统，其中有一种方法是分析一个家庭是如何构建自己的。每个家庭都有自己的权威等级结构、规则和互动模式。家庭的结构决定了家庭规则、家庭成员的角色，以及家庭发挥功能的模式。家庭结构随着家庭成员年龄的增长而变化，随着家庭在个人和整个系统发展中所处的阶段变化而变化。

家庭是由子系统组成的。一个家庭中可能会有配偶子系统、父母子系统、祖父母子系统和兄弟姐妹子系统。每个子系统都有自己的特性、独特的功能。由于家庭内部不同的子系统之间也存在着相互关系，这又决定了每个子系统自身的特定模式。

◊ 描绘家庭

家庭系统理论的创始人之一莫瑞·鲍文（Murray Bowen）发现，在识别家庭子系统时，用类似于构建家庭树的方式来描绘家庭关系对治疗和咨询非常有帮助。这种可以展示家庭关系的绘图后来被称为家谱图。随着莫妮卡·麦戈德里克（Monica McGoldrick）和兰迪·格尔森（Randy Gerson）的《家谱图——评估与干预》一书的面世，家谱图开始在临床中推广并日渐流行。通过构建家谱图，治疗师无须再去阅读那些记录家庭历史的冗长笔记，而是通过家谱图查看一个家庭中的关系和状况，并识别和家庭系统有关的重要信息。[1]

麦戈德里克和格尔森设计了一些符号，用来在家谱图中表示性别和关系模式，以及那些重复出现的行为的跨代模式和遗传趋势。此外，麦戈德里克和格尔森版的家谱图还包括出生和死亡等关键事件，以及家族的疾病史和精神病史。一张最基本的家谱图至少要包括这个家族中的三代人。比如，一个由父母双方（一男一女）和两个孩子（一男一女）组成的家庭来接受治疗，治疗师可以将家谱图描绘成：

祖父母：第一代

父母：第二代

孩子：第三代

祖父母被称为第一代。我通常会去了解祖父母的情况，尽可能详细地搜集描绘家谱图所需的个人信息和其他相关信息。

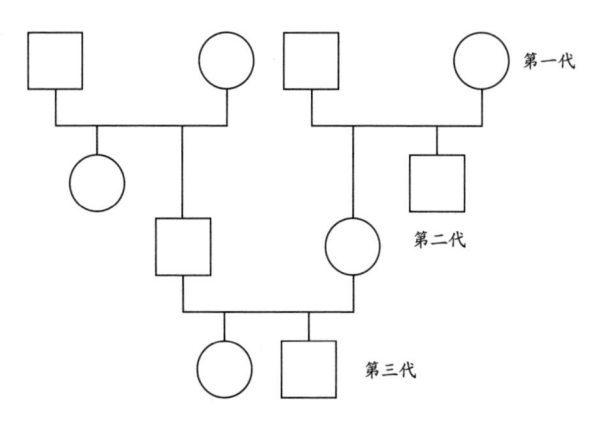

图 2.1　体现性别信息的三代基本家谱图

虽然最早的家谱图模型用圆圈表示女性，用正方形表示男性，但许多治疗师为变性群体和非二元性别群体也分别创造了他们各自的代表符号。例如：我在一个正方形里画圆来代表一个出生时是女性但现在变为男性或被认为是男性的人。

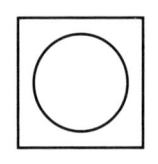

图 2.2　从女性变性为男性

经过多年发展，家谱图作为一种工具已经不再是早期的格式，它在许多方面都已经更新迭代，并且增加了许多表示个人和关系模式的代表性符号。我在这本书中多次使用了家谱图，用来说明家庭系统功能良好和家庭系统功能发挥不充分的家庭。随着阅读的深入，你会看到许多用于表示关系模式的符号。

◯ 建立家长权威等级

我们将在这一章重点讨论有孩子的家庭。无论你是否为人父母，我都鼓励你回忆一下你在原生家庭的成长过程。

一个养育孩子的家庭要想发挥最佳作用，就需要确定家长权威等级。家长权威等级，或者说为人父母以何种姿态去当家长，在家庭中尤为重要。

刚工作时，我曾经教授过育儿课程。我经常让学员思考一个问题，并写下答案："你最希望你的孩子内心有什么样的感觉？"我会请写下"快乐"的学员举手，看看有多少人希望孩子"快乐"，几乎每次课堂上都会有 80% 的学员举手。看到这种情况，我通常会模仿声音聒噪恼人的蜂鸣器，发出刺耳的提示音，宣布："回答错误！"

我对此做出的解释是：对于孩子来说，最重要的是拥有安全感。当一个孩子感到安全时，他就能够自由地体验快乐，发挥创造力，拥有良好的自我价值、幽默感，心中也会充满爱。安全感也能让孩子充分地、自由地体验愤怒、失望和悲伤等负面情绪，并恰当地表达这些感受。

值得注意的是，如果孩子在童年时感到安全，他们在以后的生活中才更有可能发展出安全的、充满爱的关系。我会告诉那些回答"快乐"一词的学员：快乐只是一种在心中突然爆发的短暂感觉。然而，当内心充满安全感时，我们会形成一种深刻而持久的认知，这种认知维系着我们存在的本质。

我一直坚信，给孩子足够的安全感不仅是父母的权利，也是父母的责任。因为孩子总是把家庭的责任甚至过错，统统背在自己身上，所以足够的安全感可以让孩子感受到：除了自己之外，还有其他人对家庭生活负责，这样才不会让孩子内心负担重重。当父母关心孩子的感受、愿望和需求时，孩子自然会感到安全。

对父母来说，常见的挑战是说"不"并坚持下去。在生活中，有多少父母对孩子说了两三次"不"之后，最终还是心软满足了孩子的要求？这样的情况我遇见过上百次。

当我还是个新手妈妈时，我曾经下定决心要避免犯这样的错误。我觉得自己做得很好。这并没有阻止我的儿子们想要让我推翻我关于"不"的声明。我安慰自己说，他们"无法接受拒绝"是他们基因的一部分，但我最后还是狠下心来，不向他们的坚持低头。因此，我选择用假装发怒、板着脸或（极其短暂的）冷处理等方式来熬过他们的坚持。这么做是值得的，因为他们知道家里妈妈说了算。

我有三个儿子。在他们十几岁时,我从来没有和他们中的任何一个发生过言语争吵。每当我谈起这些时,别人总是表现得惊讶和难以置信。但事实的确如此。在他们长到十几岁的时候,他们已经知道妈妈的"不"就是"不"。在多数情况下,我的"不"是在厨房里聊天时说的。我在冰箱上贴了一个牌子,上面写着:你不懂"不"是什么意思吗?

这个方法的步骤是这样的:

1. 儿子们想要做一些我不允许的事情,但他们仍想征得同意。
2. 我会说"不"。
3. 他会再问一遍,不死心地再确认一次。
4. 我会哼着歌,加上一点点简单的舞步调节气氛,指着贴在冰箱上写着"不"的牌子。

我完成了自己该做的事,和儿子们的讨论也就此结束。每当回忆起这些场景,我都想笑。

如果孩子们在两三岁时还没有学会"不"就是"不",那么当他们长到十几岁时,接受"不"就更难了。

我相信我的儿子们已经学会了:那些明知道答案是"不"的事情,就不要再去问妈妈了。他们要么接受"不管他们想要什么都不会得逞"的事实;要么就瞒着我去做。我猜他们瞒着我做的事情肯定不少。毕竟,我在青少年时期也是如此,对我当时做过的一些事情,我的父母也一无所知。我想我的孩子们也是如此。

权威等级功能的转变

显然，随着孩子长大成人，家庭的权威等级也会发生变化。例如，随着父母年龄的增长，成年子女"抚养父母"的情况也不少见，尤其是当父母健康状况不佳或认知能力下降时。

在这种情况下，有些父母在面对成年子女时，不愿意承认他们身为父母无须再负责，也不该再负责的事实，因此他们仍然想要控制孩子，并认定孩子也应该对他们言从计听。而有些成年子女在面对年迈父母的控制时，脑海中又会浮现出"取悦父母是自己的责任"这样的信念。与成年子女恰恰相反的是，一些青少年和较年轻的成年人反而在竭力反抗父母的权威，因为他们感觉父母总想掌控子女的生活。

面对父母的控制时，这两种应对方式都不健康。青少年和年轻人为了摆脱父母的控制而反抗，结果往往是在这个过程中让自己受到伤害。成年的子女如果允许父母控制他们的生活，那就是不忠于自己，因为过度取悦父母会忽略了自己的欲望和需求。

在后面的章节中，我将介绍一些对成年人来说更为健康的应对方式，来帮助大家获得身为成年人的心理自主性。

◊ 家庭功能的风格

我们常用三种基本的家庭功能风格来描述一个家庭如何做决定，以及父母和孩子之间如何互动。

民主型家庭

民主型家庭的孩子拥有发言权，家长也会参考孩子的选择和意见。然而，最终决定还是由家长做出。父母制定的规则是明确的、公平的、灵活的。当规则被打破时，父母会坚持到底，并让孩子承担与年龄相称的后果。注意：如果能让孩子事先知道后果，这是最有帮助的。

专制型家庭

孩子在家庭中没有发言权。父母制定的规则可能不公平或不明确。当规则被打破时，父母会坚持让孩子承担后果。然而在大多数情况下，父母口中的后果或实施的惩罚是不公平的，并且有时这些后果和惩罚与孩子身上所谓的"罪行"并无多大关联。

放任型家庭

在放任型家庭中，孩子经常"统治"着全家，家庭中很少有规则存在。如果孩子确实违反了规则，似乎也无须承担真正意义上的后果。

根据我的经验，专制型家庭和放任型家庭的父母一旦发现自己和孩子的相处出现问题，他们会比民主型家庭的父母更有可能去主动寻求治疗方法。但这并不意味着民主型家庭不需要家庭治疗。然而，摆在我们面前的问题是：家庭遇到的困难乍看起来与"谁说了算"并没有太大的关系。当然，处于转型期的家庭也可能会有例外情况，比如，家庭中正处于青少年时期的孩子可能会不断挑战"规则"。

然而，当一个家庭因为孩子在某些方面的问题行为或不端品行而接受治疗时，我们通常会发现：问题的根源在于父母在家庭管理方面做得不够。这同样适用于那些父母几乎没有设立规则或告知后果的家庭，以及那些有很多规则和惩戒的家庭。

给你的孩子制定很多规则并且频繁惩罚他们，并不能让你成为一个给孩子安全感和幸福感的父母。当家庭中的每个人都对自己该负责的部分负责、家中设定合理的限制和边界、家里有人关心我们的幸福时，我们才会感到更安全。无论是家中的孩子，还是一个国家的居民，道理都是如此。

○ 边界和子系统

我们常常将家庭视为一个系统，这个系统由若干个子系统组成。子系统相当于家庭中的小团体，比如，父母二人的小团体是父母子系统，孩子们的小团体是子女子系统（图 2.3 和图 2.4）。这些小团体的互动揭示了家庭的结构。当孩子年纪尚小时，父母需要在家庭中建立清晰的权威等级，并借助权威等级在家庭内部划分出不同的子系统；父母子系统在这个阶段必须担负起管理家庭和教育子女的责任。在家庭中，每个子系统都有清晰明确的功能，并且每个子系统内部以及不同子系统之间的关系模式也是清晰明确的。边界的作用就是为子系统和子系统中的每个人描绘轮廓。

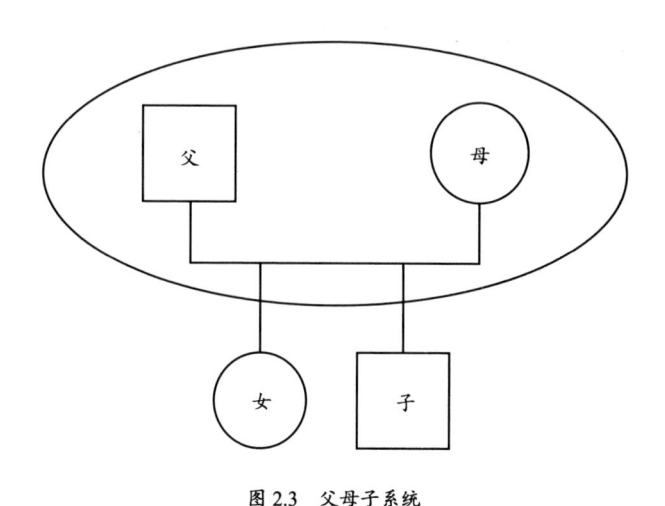

图 2.3　父母子系统

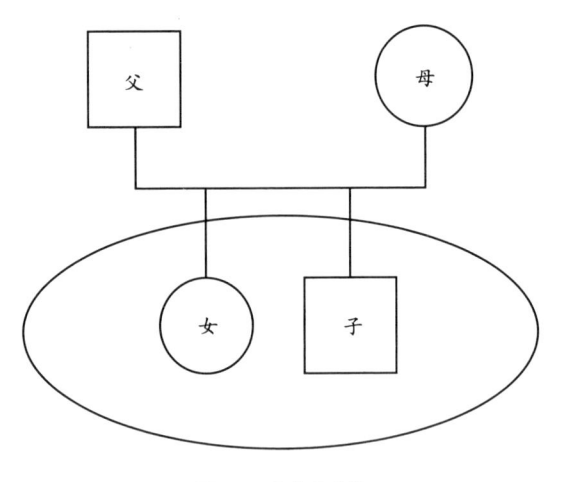

图 2.4 子女子系统

子系统之间存在适当的边界是非常必要的。父母必须履行家长的责任,最好能互相支持。即使父母离婚或不住在一起,也要相互支持并承担应有的责任。

如果父母中有一方虐待孩子,这种情况另当别论。为孩子提供安全保障是父母的义务。如果父母一方虐待孩子,另一方需要采取行动以确保孩子的人身安全。在美国的一些州,这是一项法律要求。还有一些州的法律规定:施虐的父母要为自己的施虐行为负法律责任,而非施虐的父母也要负相应的法律责任。

子系统之间和子系统内部的边界对于家庭系统的健康至关重要。在传统的家庭治疗文献中,家庭内部的边界被分为明晰型、僵化型和纠缠型三种类型。

明晰型
明晰的边界是最理想的,因为它既明确又灵活。在边界明晰的家庭中，每个人都能得到养育和支持，并拥有适当的、符合自身年龄段的心理自主性。比如，当孩子成长到青春期时，边界明晰家庭会认可孩子的独立性，尊重孩子的想法并适当允许孩子自由发挥。

僵化型

在一个边界僵化的家庭里，家庭成员的关系冷漠疏远，每个人都能感受到相互之间的距离和隔膜。他们是如此专注于自己的问题，以至于没有时间回应和支持彼此。家里可以经常听到"你自己做吧"和"别打扰我"这类话。边界僵化的家庭往往自我封闭，与外界的联系很少。

纠缠型

边界纠缠模糊的家庭最明显的特征就是家庭成员之间关系过于紧密。每个人都关心家里其他人的事，父母一方或双方可能会过度卷入孩子的生活或过于亲近孩子。一个家庭最核心的子系统是夫妻子系统，它是一个家庭的基础，需要边界来保护。而在孩子出生之后，为了孩子的社会化，家庭系统需要重新分化出父母子系统。在边界纠缠模糊的家庭中，由于父母的生活主要是围绕着孩子，因此夫妻子系统会被父母子系统吞噬。夫妻关系没有得到足够的重视，夫妻双方可能会遭受巨大的痛苦。而孩子们可能过于依赖父母，使自己独立性和自主性的发展受到阻碍。

对于家庭来说，多数问题通常是由于边界纠缠模糊而引起的，而边界纠缠模糊的典型现象之一就是跨代结盟。例如，母亲和十几岁的女儿非常亲密，不让父亲加入谈话和互动。因此，孩子的父亲可能会在生活琐事上与孩子的母亲不断争吵，以此来加强夫妻之间的互动。或者他可能在婚姻之外满足自己对亲密关系的需求，无论是和高尔夫球场上的朋友，还是和工作中遇到的女人。同样，系统治疗师并不会热衷于搞清楚"问题为什么会发生"，他们会去探索是何种模式使问题延续至今。在这个案例中，夫妻之间的距离是问题所在。

家庭治疗的先驱萨尔瓦多·米纽琴（Salvador Minuchin）介绍了一种名为家庭地图的技术（类似于我们前文提到的家谱图，也是用线条和符号来绘制图表，展现家庭内部的动力结构），用它来展示独立的家庭成员和子系统之间的层次结构和边界。米纽琴认为，子系统之间维持明确的边界有助于确保整个家庭的安全感和幸福感。[2]

边界可以被划分为如下三种类型：

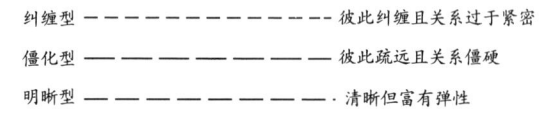

纠缠型 ------------ 彼此纠缠且关系过于紧密
僵化型 ──────────── 彼此疏远且关系僵硬
明晰型 ─ ─ ─ ─ ─ ─ 清晰但富有弹性

图 2.5　用虚线表示不同类型家庭边界

如果一个家庭中母亲和十几岁的女儿非常亲密，父亲被母女二人疏远，他们在接受治疗时的关系和边界看起来是这样的：

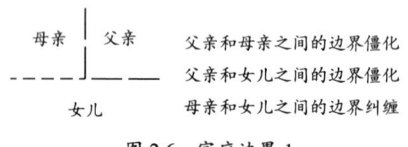

母亲 │ 父亲　　父亲和母亲之间的边界僵化
─ ─ ─┘────　父亲和女儿之间的边界僵化
　女儿　　　　母亲和女儿之间的边界纠缠

图 2.6　家庭边界 1

这个家庭的治疗目标是帮助父母以一种健康的方式重新建立联系；让女儿在能接触到父母双方的同时，成长为一个更加独立、自主的成年人。

这种关系在家庭地图中可以表示为：

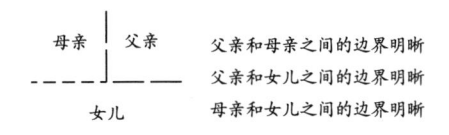

```
母亲 │ 父亲     父亲和母亲之间的边界明晰
─ ─ ─ ─ ┘     父亲和女儿之间的边界明晰
     女儿      母亲和女儿之间的边界明晰
```

图 2.7　家庭边界 2

在有些家庭中，母亲和女儿关系的紧密程度与夫妻关系的远近亲疏并没有必然的关联。夫妻关系或许并没有任何问题；"母女之间关系紧密"可能有问题，也可能没有问题。如果母女之间的紧密关系对家人或其他子关系产生了负面影响，那么这就是一个问题。比如，阻碍了女儿的健康发展，或者是女儿的兄弟姐妹感到被忽视或感觉自己太"渺小"。

建立明晰的边界

有时候，想要在家庭中建立清晰健康边界的人往往是孩子，这种情况在青少年身上最常见。在我 16 岁那年，父亲从屋顶上摔了下来，左半边身体的骨头几乎全断了，几个月都不能动弹。由于母亲不会开车，所以 16 岁的我就成了家里的司机。我的职责是开车接送弟弟和妹妹上学、放学，开车接送母亲往返于家和医院，还要开车去处理家里的日常琐事。

在家庭的权威等级中，我迫不得已地被母亲提升到了父母子系统中。我感觉自己肩上的担子突然很沉重，很多事情并不是我心甘情愿去承担的。

几个月后，我坚持让母亲考驾照，她也同意了。在我第一次带母亲去家附近的乡村小路上练习开车时，一只金毛犬突然窜到车前。母亲撞到了狗，狗当场死亡。我和狗的主人都努力安慰母亲，并告诉她这并不是她的错,因为在那种情况下,没人能避开那条狗。可母亲仍然歇斯底里地宣布她再也不开车了!

起初,我感到悲伤和沮丧。然而,没过多久我就下定决心:这种情况不能再继续下去。

几天后,我拿着车钥匙走进厨房,坚定而平静地对母亲说:"我们该开车去兜风了。"空气突然安静了,妈妈愣在原地一动不动,好像依旧不能从撞到金毛犬的惊吓中走出来。"来吧!"我哄着她出门去练车。她练得很用心,几周后就拿到了驾照。我终于可以回归少女生活,回到属于自己的位置——子女子系统中!

代际边界问题不仅发生在父母和孩子之间,很多时候也会牵扯到大家庭的其他成员。另一个关于代际边界的例子就是祖父母的过度卷入。在某些情况下,祖父母在对待孙辈时,比父母有更多的权威和掌控权。因此,当父母试图"做父母"时,孩子会忽视父母,转而寻求祖父母的庇护,而祖父母常常会削弱父母的权威和力量。这种情况通常是由祖父母对孙辈的纵容导致的。如果上述情况只是偶尔发生,而非持续的模式,那么我们就不能说它是有害的。比如,祖母讲话态度过于慈爱,并不属于过度卷入。

改变不健康的僵硬边界

我见证了许多治疗带来的奇迹,其中有一个家庭至今让我记忆犹新:一个母亲和儿子边界僵化的案例。这是一个单亲家庭,小儿子10岁时父母离婚了,母亲从此便独自带着两个儿子生活。小儿子在发展阶段无法以他需要的方式接近母亲,因此这对母子之间的边界随着时间的推移而愈加疏远僵化。大儿子在父母离婚时虽然住在家里,但是不久后就离开家读大学去了。尽管留在家中的小儿子独立而有责任心，但他的母亲还是带着他来找我，因为母亲发现儿子有抑郁的迹象。即将高中毕业的他有好几门功课的成绩都很糟糕，这在他之前的学习中从未发生过。

这位母亲是一家大公司的首席执行官，工作压力很大，对自己要求也很高。她几乎每天都工作到很晚。最近，她开始和住在另一个州的男友约会，周末还经常一起旅行。我邀请这对母子一起进行了几次访谈，以便从他们各自的角度了解问题。此外，我还从访谈中了解到一些家族史。随后，我分别同母亲和儿子进行一对一访谈。儿子告诉我，他很高兴妈妈有了男朋友，他很喜欢这个男人。我相信儿子的话是发自肺腑的。

当我聚精会神地倾听这个年轻人的心声时，我意识到他在想念母亲。所以，我又安排了一次家庭访谈，让母亲和儿子一同参与。我向这对母子提出假设：在秋天离家上大学之前，儿子很需要母亲多陪陪他。他们俩坐在沙发上看着我，好像觉得我思维过于跳跃才提出这样的假设，但我仍然坚持我的假设。随后，我问他们是否愿意做一个实验，他们欣然同意。

我让这位母亲向儿子保证，她一周会有两天提早回家，并且和儿子共进晚餐。儿子听到这个提议非常兴奋，他主动提出由自己准备晚餐！于是，他们制定了一份菜单，母亲购买食材，儿子做饭；如果母亲空闲，就母子二人一起下厨。两周后，当我再见到他们时，儿子明显不那么沮丧了。四周后，儿子的成绩又恢复到从前的水平。

如果儿子单独接受个人治疗，治疗师和母亲都聚焦于他的抑郁，忽略了家庭关系，事情又会朝着怎样的方向发展呢？有些用心良苦的父母会让孩子单独接受咨询，而自己却很回避咨询，这样的家庭往往最需要家庭治疗。即便青少年咨询将孩子视为来访者，但咨询过程中也不能忽视家庭关系，唯有这样，咨询才能起到作用，才能对孩子有所帮助。

边界与外部世界

家庭和外部世界之间也存在着边界。如果一个家庭和外部世界的边界是开放的，那就意味着每个人都可以自由地走出去做自己；也意味着家庭的大门是敞开的，欢迎新的人和新的想法进入家庭内部的世界。

人们通常认为边界开放的家庭是健康且积极的。然而，我却目睹过一些家庭由于边界太过开放，让家中不止一位成员遭受痛苦。这种情况通常发生在一个家庭与外部世界几乎没有边界的时候。典型的例子就是采取"门户开放"政策的家庭。在这类家庭里，人们总是随意进入或离开；家庭成员的个人隐私不受尊重，或极少受到尊重，混乱是这类家庭的常态。

相反，封闭的家庭系统通常让家庭与外部世界隔绝，并且十分抗拒改变。我所见过的封闭系统中，几乎所有的家庭成员都会遭受深深的痛苦。封闭家庭系统的存在通常是因为外部世界中的某些因素可能会对家庭构成威胁；也有可能是因为家庭内部隐藏着身体虐待、性虐待、精神疾病或药物滥用等秘密。

所有这些都表明：在家庭和外部世界之间应当有一个明晰（不纠缠、不僵化）的边界，这是最理想的情况。对于一个健康且功能良好的家庭来说，与外部世界保持明晰且带有一定开放性的边界才是最佳选择。

◊ 子系统的变化

家庭生活会随着时间的推移而改变。家庭发展理论指出，当一个家庭遇到家庭生命周期的转折点时，这个家庭需要发生结构上的改变，以便让家庭维持正常的功能。比如，结婚、孩子的出生、孩子入学、孩子进入青春期、孩子成年离开家等，都是预期的转变。

除此之外，家庭也会遇到其他挑战和一些意想不到的危机，这些情况可能也需要家庭做出结构上的改变。比如，家庭成员的死亡会使一个家庭陷入危机和混乱，尤其是某位成员的早逝或意外死亡。而离婚、失业、疾病、牢狱之灾、经济压力和战争等因素都会迫使家庭必须改变自身结构和运作方式。

离婚会让子系统发生一系列变化，这些变化不仅会改变夫妻双方，也会改变整个家庭的功能和关系模式。对于那些有孩子的夫妻来说，无论离婚后一方再婚还是双方再婚，家庭结构重组都会让经营家庭变得更为复杂。

在工作实践中，我发现再婚家庭会反复出现两大困境。

第一个困境发生在刚刚重组的家庭中，再婚夫妻总是试图在新的家庭中发挥作用，就好像他们是一个从未发生过任何变故的、完整的核心家庭一样。然而，完整的核心家庭指的是两个有婚姻关系的成年人和共同的亲生子女生活在同一个屋檐下或组成一个整体。而在重组家庭中，子女们通常很难成功延续自己在之前的核心家庭中的角色、规则、功能和期望，除非他们的年龄都很小。因此，再婚重组的混合家庭需要创造一种新的、不同的家庭结构。完整的核心家庭模式对于混合家庭是行不通的！

重组家庭需要面对的另一个困境是：继子女与自己亲生父母的关

系，始终是继父母无法代替的，这一点让许多继父母很困惑。这其中蕴藏太多含义了，我无法在本书中一一展开。可幸运的是，很多书籍、文章和自媒体都谈及了大量关于继父母的话题供大家参考和学习。因此，我在这里言简意赅地强调一条原则：孩子心中的父母一定是他们的亲生父母，特别是对刚组建家庭中的青少年而言。

◊ 功能不足和功能过度

有时，环境会造就功能过度的父母子系统和功能不足的父母子系统。如果父母中的一方遭遇事故或生病了，另一方就需要尽最大努力来维持家庭运转。有时，家庭系统会把一个人置于功能过度或功能不足的角色上。一般来说，母亲倾向于扮演（并且欣然接受）功能过度的角色。功能过度的父母往往也会过度卷入孩子生活的方方面面。这些过度卷入的父母通常被称为直升机父母，因为他们总是在孩子头顶盘旋。

功能过度的人可能会在家庭功能上承担过多的责任。他们通常认为照顾别人是他们的工作，即使这种照顾是不必要的，并且常常是不健康的。他们往往会忽视自己的欲望和需求，有时甚至会处于情绪和身体疾病的危机之中。尽管如此，他们依旧会过度卷入和过度发挥作用，过度担心每个人和每件事。因此，他们的行为方式让别人感觉控制或专横。

而对于有些家庭成员来说，他们在家庭中扮演着功能不足的角色，对整个家庭承担的责任也比较少。有时候，功能不足的家庭成员在家庭中表现出冷漠和不负责。他们可能会在情感上十分疏远，难以亲近。

当家庭成员过于执着地扮演功能不足或功能过度的角色时，家里的每个人都要为其买单。功能过度的父母和功能不足的父母在家庭中有许多不同的表现方式，最典型的表现是：父母中赚钱养家的那一方，同时负责管理家庭和照顾孩子，而另一方则是每天做自己想做的事情，从不考虑家庭的需要。

这让我想起一个来访家庭：父亲白天去上班，下班顺路去生鲜店买菜，回家后还要准备晚餐，给孩子们检查作业，再哄他们上床睡觉。然而，他的妻子则是每天在社区俱乐部打网球或桥牌打发时间。在孩子放学前，她经常要喝点酒再回家。到家后，她倒头便睡，晚饭快凉了才会坐上餐桌，在家人面前匆忙吃一口饭就离开。晚饭后，她又开始喝酒。这是一个典型的父母一方（父亲）功能过度，另一方（母亲）功能不足的例子。

然而很多时候，功能过度和功能不足并没有表现得那么明显。我也见过许多家庭，父母一起赚钱养家，一起管理家庭，但只有一方承担教养孩子的责任。在大家的认知里只有单亲家庭才会让父母中的一方不得不独自教养孩子，可事实上双亲家庭也会有类似的事情发生。因此在这样的家庭中，父母双方都在对家庭发挥作用，并且很可能是双方都功能过度。可如果我们只谈教养孩子这件事，夫妻双方就在这一点上成了功能过度和功能不足的组合：只有一方承担着教养孩子的责任，发挥了过度的作用，而另一方对教养孩子参与得少之又少。

我见过许多夫妻，他们在夫妻治疗中遇到的问题是：功能过度的一方心中充斥着埋怨、受伤的感觉，并且经常感觉孤独。而在很多时候，通常都是功能过度的一方拉着功能不足的一方一起来做咨询。功能过度的人通常形容他们的伴侣"懒惰"或以自我为中心——这些很可能是事实。但在某些情况下，功能不足的人实际上正在竭尽全力让自己发挥作用，他们很可能已经处于极度悲伤和痛苦中，甚至可能患上了心理疾病，所以才会"懒惰"或以自我为中心。

配偶/父母子系统中的关系越平等，家庭系统才会越健康。

而在单亲家庭中，父母必须要注意一件事：不要给子女分配父母的角色，这会剥夺子女做孩子的自由。另一件需要引起重视的事情是：单亲父母要注意好好照顾自己，避免在不必要的时候过度卷入子女的生活。

有时功能过度是不可避免的，但必须尽可能加以管理和缓解，以便所有家庭成员都能保持健康平衡。

◊ 角色和规则

家庭进行自身建构的另一种方式是定义每个家庭成员所承担的角色。有些来接受治疗的家庭，正是因为家庭在分配角色和责任时出现了问题。对于新婚夫妇来说，他们走进咨询室讨论如何处理各自的角色，这是合情合理的：谁赚钱养家？谁负责理财？谁负责做饭和打扫卫生？谁负责照顾孩子？谁来安排家里的社交和活动？谁来提供情感支持？这些问题讨论清楚后，家庭就能正常运转。

有时，一个人在家中扮演的角色可能与全体家庭成员的需要相吻合。因此，他会被分配到特定的角色和工作：比如赚钱养家的人、安排全家日常饮食的厨师、打理家中的大事小情的后勤管理员、负责家中用品日常维修养护的修理工。

而在有些家庭中，家庭成员未必会有特定的角色，家庭事务的分配也未必会严格遵照家庭角色。在这样的家庭中，经济支柱可能不止一个，负责做饭和打扫卫生的人可能不止一个，照顾孩子的人可能也不止一个。换言之，分工并不和角色画等号。然而，"分工"等于"角色"并不是坏事。真正给家庭带来负面影响的，是某位成员感觉被繁重的家庭事务困住或感觉负担过重，以至于身体上或心理上遭受痛苦，甚至患上疾病。

尽管家庭生活中的各项繁杂事务需要有人去承担，但有些人在家庭中的角色与家务事并没有太大的联系。相反，他的角色也许能满足家庭中更多的关系或情感需求。比如，有些人可能会扮演富有同情心的建议者角色。当某位家庭成员遇到问题时会找建议者求助，希望得到他的帮助和支持。

角色分配可能还与性别或出生顺序有关。家里最年轻的女性可能会在父母年老时承担起照料双亲的工作。这个例子就是典型的"出生即分配角色"，并且这个角色似乎是命中注定的。另一个例子，如果一名男孩出生在几代男性都是律师的家庭里，他很有可能被任命为"管理家族律师事务所的下一位律师"。

孩子们也经常被塑造成不同的角色，比如"聪明的那个""漂亮的那个""有趣的那个"，等等。当家庭对某个角色的定义变得刻板僵化时，往往就会出现问题。比如，如果只允许儿子成为英雄，而且他绝对并且必须是英雄，那么这种角色分配很可能会导致儿子甚至整个家庭出现功能失调。同样的道理也适用于家中的"替罪羊"、照料者、喜剧演员等角色。如果一个家庭是灵活的，每个人都可以自由进入或走出自己被分配的角色，那么就不太可能出现一个或多个家庭成员承受痛苦的情况。

总结

健康的家庭系统会照顾家庭中的每个人。不健康的家庭系统会牺牲某个甚至全体家庭成员来迁就这个系统。

- 家庭系统的结构对家庭成员的健康很重要。
- 对于有孩子的家庭来说,拥有一个权威等级制度和一个承担家庭责任的子系统是非常重要的。通常,这些系统由父母中的一方或双方组成。
- 健康家庭的子系统之间存在着明晰的边界,这些边界是明确且灵活的。
- 健康的家庭不会分配僵化的角色给某位家庭成员,因为僵化的角色会让人陷入困境,并因此痛苦。
- 健康的家庭鼓励成员与周围的世界进行健康的互动。

永远记住:家庭不止是一群人聚在一起共享住宅空间。家庭成员们也有共同的心理空间,它在所有的家庭互动中都很重要。

定义家庭结构

下面这些问题是关于原生家庭的,请先仔细思考,再从以下两方面对比你现在的家庭:

它们有什么相似/不同之处?

你知道你父母的原生家庭结构是什么样的吗?

我邀请你来探索这些问题的答案,并觉察自己的感受。

结构和权威等级

1. 如果你在单亲家庭中成长,你家里是否有一个或几个孩子承担了成人的角色?
2. 如果祖父母过去/现在住在家里,你是否会感到困惑:"谁才是一家之主?"
3. 你的父母生活在一起吗?还是分开了?
4. 谁决定了这个家庭的情感氛围?(我想起了一句话:"妈妈不快乐,全家都难过。")
5. 在你的家里,你感觉谁是掌管一切的人?

过度卷入或角色缺失

1. 在你的父母中,是否有人对孩子过度干涉?
2. 在你的父母中,是否有人处于次要位置或者对家庭关注过少?

家庭功能的风格

1. 你的父母和孩子之间的相处是什么风格的?

- 民主型　孩子有发言权,有选择权,提出的意见也会被参考。然而,最终决定还是由家长做出。父母制定的规则是明确且灵活的。当规则被打破时,父母会坚持到底,并让孩子承担与年龄相称的后果。

- 专制型　父母制定规则。规则明确但不灵活。当规则被打破时,父母会坚持到底。然而在大多数情况下,父母实施的惩罚是不公平的,并且这些惩罚与孩子身上所谓的"罪行"并无多大关联。

- 放任型　几乎没有规则,一切以孩子为中心。当孩子打破规则时,通常不会承担严重的后果。

2. 父母制定的纪律约束是否公平、一致?是过于散漫?还是过于严苛?

3. 父母对哪种行为关注较多,不良(坏)行为还是可取(好)行为?

4. 凡事你的父母更愿意奖励理想行为,还是更愿意惩罚不良行为?

5. 你是否发现自己的行为很像原生家庭的某一位成员?在你的行为模式形成的过程中,谁是对你影响最深刻的榜样?

6. 作为一个孩子,你是如何惩罚或奖励你的父母的?最有效的惩罚是什么?你发现自己还在用这些方式来奖励或惩罚你的父母、伴侣或孩子吗？

在回答完这些问题之后，我鼓励你思考一下：你会做出一些和从前不同的事情，甚至是做出改变吗？

第三章

健康沟通的四要素

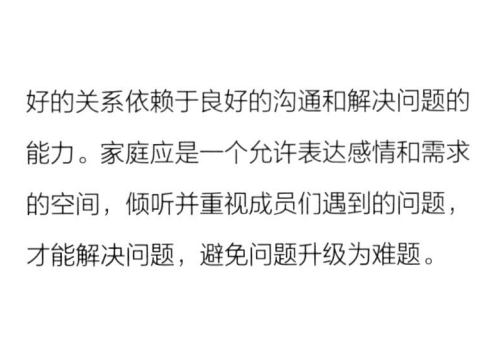

好的关系依赖于良好的沟通和解决问题的能力。家庭应是一个允许表达感情和需求的空间，倾听并重视成员们遇到的问题，才能解决问题，避免问题升级为难题。

在我的家里，如果一段经历没有被写下来与家人分享，那它就不算真正结束，也不能称得上是一段真正的经历。

——

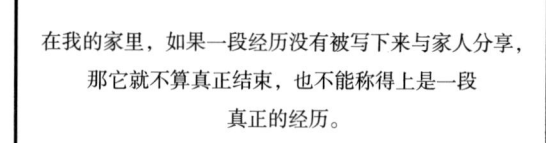

安妮·莫罗·林德伯格

畅销书《大海的礼物》的作者

每当在夫妻治疗或者家庭治疗中听到"我们只是不怎么沟通而已"时，我都会哭笑不得。

保罗·瓦茨拉维克（Paul Watzlawick）是奥地利裔美国家庭治疗师、心理学家、沟通理论学家和哲学家。他和唐·杰克逊（Don Jackson）等人一起，为系统论领域中的沟通学科做出了重要贡献。

首先，根据瓦茨拉维克等人的观点：

- 一个人不可能不沟通交流。
- 一个人不可能不做出行为。
- 所有的行为在某种程度上都是沟通交流。[1]

家庭治疗的先驱之一弗吉尼亚·萨提亚（Virginia Satir）在1972年写道："我将交流看作一把巨大的伞，它覆盖并影响着人类社会发生的一切。人一来到这个世界上，他（她）的沟通能力就成了决定其人际关系和生活状况的最重要因素。我们如何生存，如何发展与人的亲密关系，如何让自己活得有乐趣、有意义，如何与自己的内心沟通，这些都在很大程度上取决于我们的沟通技巧。"[2]

心理健康专业人士普遍认为，如果一个人不被允许有自己的感觉，也不被允许适当地表达这些感觉,那么他的自尊就会受到威胁。成功的人际关系依赖于良好的沟通交流和解决问题的能力。

我们中的大多数人在很小的时候就意识到:可以通过语言和非语言来沟通交流。而我们大家也都知道:和语言比起来,声调、语调变化、手势、肢体语言、呼吸变化和面部表情等也都能传达更多的信息。在现实生活中,许多人都是听着"行动胜过语言"和"依我所言,勿仿我行"①这样的话长大的。

我还注意到一件事,人们往往不会去聆听自己的表达,因为大家知道自己在说哪些词句,却不知道自己在传递什么信息。我们经常用非语言的方式表达自己的失望、愤怒和对他人的批评。弗吉尼亚·萨提亚描述了家庭成员经常采取的沟通"姿态"。每种"姿态"都有其独有的沟通模式,但是在有些沟通模式中,无论是信息的发送者还是接收者,都在情感体验的某些方面遭受了否定。

萨提亚描述了五种沟通模式:

讨好型:不惜一切代价取悦他人的人,通常表现得软弱和被动。

指责型:非常挑剔、不讨人喜欢,经常指责别人。

超理智型:非常有逻辑,但害怕面对感受。

打岔型:在交流过程中,不考虑别人,采取转移话题或分散别人注意力的行为减轻自己对压力的关注。

一致型:在沟通中,语言和感情上表达一致的人。[3]

---

① "Do as I say, not as I do." 英国谚语,直译为"我的行为是不完美的,所以不要模仿我,你要按照我语言的指示,而不是模仿我的错误行为"。——译者注

这里我还想补充另一个类别：认为自己做的每件事都正确，不能面对错误也不接受别人否定和反驳的人。

我经常和来访者讨论这样一个问题："'正确'和'快乐'，你更想要哪一个？"似乎很多人宁愿让自己陷入不快乐的情绪中，也要紧紧抓住"正确"这一执念。在很多时候，这种选择是无意识的。

我们大多数人都能识别出各种类型的沟通者。当然，最理想的情况是人人都能成为一致型的沟通者。而想要成为一致型的沟通者，就需要识别和表达自己的想法和感受，也需要倾听和识别他人的想法和感受。

当语言信息和非语言信息不一致时，信息的接收者可能会感到紧张。有时，这种不一致甚至会让人抓狂。比如，父亲怒目圆睁地盯着孩子并用气愤的语气说："我爱你。"这种语言信息和非语言信息的不一致会使孩子感到困惑，甚至迷失方向。如果反复经历这种不一致的沟通，孩子可能会受到严重的情感伤害。

沟通就是发送和接收信息。在沟通中，倾听很重要。家庭成员在倾听时，不仅要关注信息的内容，还要关注信息背后的情感。这种关注决定了关系的亲密程度，而亲密程度又直接影响到一个人在关系中的安全体验。

我可以放下顾虑展示真实的自己吗？我可以畅所欲言去表达自己的真实感受吗？身边人会对我坦诚相待吗？

然而，我们有时候又会把性和亲密画等号。事实上，真正的亲密关系和一个人在关系中的安全感有直接关系。一个人感受到的安全程度，会影响他在关系中的满意程度和自尊水平。

我父亲最喜欢说的一句话是："想说就说，想做就做。"我一直认为这是一种很好的理念。可问题是，并不是每个人都能欣赏这种生活哲学，有时周围人不想听我说话，他们更适应的规则是"若不能善言善语，就请缄默不语"。后面这句谚语可能很有警醒作用，尤其是当我们想评判或批评一些相对不重要的事情时。例如，一个女人主动提醒她的朋友：她这身穿搭不够漂亮。可这样说又有什么意义呢？关于这身打扮，朋友并没向别人征求意见。所以，除非朋友主动询问，否则就不要提！

通常情况下，人们不会分享对他们来说很重要的想法和感受，因为他们害怕对方会不悦或拒绝。但我始终坚信一件事情，"想说就说，想做就做"需要良好的自尊做前提；同时，想说就说和想做就做，反过来也有助于建立良好的自尊。如果一个家庭不仅允许而且还鼓励这样做，那么这对每一个家庭成员来说都是一种积极的生活经历。如果一个人能够用诚实、开放且适度体谅他人的方式表达出自己心中的想法并做自己想做的事，那么他就有机会成长，并增进人际关系。然而，如果打着坦诚的幌子口无遮拦地伤害或贬低他人，那么消极的结果就会出现在个人身上和关系中。

与夫妻或家庭一起工作时，通常很容易评估家庭成员的安全感。治疗师可以提出一个问题："你们觉得分享自己的想法和感受是一件安全的事情吗？"来访者的回答和反应就会给出答案。

当他们回应问题时，我会倾听他们说的话，感受他们的语调，观察他们的非语言行为。一个人对于某个问题的回答可能是"是"，但他可能会低着头，用几乎听不见的声音作答，他的语言表达和非语言表达呈现出不一致。事实上，这种不一致可能就是线索，表明这个人在分享真实的想法和感受时会惴惴不安。

如何在家庭中练习健康沟通

我们唯有在家庭中才有机会去充分体验亲密的、有连接的沟通。一旦我们到了上学受教育的年纪，很多沟通交流就发生在家庭之外了。这些家庭之外的关系接触虽然也会影响我们对自己的感受，但远不及家庭带给我们的影响。

无论在家庭内部还是家庭外部，我们都在进行各种方式的沟通，有些沟通会透露出很多信息，有些则充斥着对抗，有些是鼓舞人心的，有些是亲密无间的。在沟通中，我们可能会解决问题，可能会争执不休，也可能会理性讨论。我们都希望自己能够体验到亲近和亲密。家庭刚好为我们提供了最佳的学习机会，让我们能够学习如何建立联系以及如何维护联系。在家庭中，我们可以分享自己的希望、梦想、恐惧、悲伤和快乐，也可以在各种不同的层面上相互倾听和回应。如果一个家庭能很好地做到这一点，家庭成员就更有可能体验到安全感和积极的幸福感。

每个家庭都有一系列关于沟通的规则，家庭成员们会知道哪些沟通方式是可以接受的，哪些沟通方式是不能接受的。这些规则或许并不公平合理，因为它们只是基于这个家庭的视角，但这些规则会在家里一代代传下去。比如，"大人说话小孩别插嘴"。这条所谓的规则就会阻碍健康的沟通交流。一提到健康的沟通，就必须要谈谈不健康的沟通。不健康的沟通主要指破坏性沟通。比如，一个人企图通过自己的表达去伤害别人或引起别人的内疚，这种沟通就可以被视为破坏性沟通。实际上，日常生活中一些常见的沟通方式都颇具破坏性。

破坏性的沟通方式

破坏性的沟通方式,即那些势必会破坏关系的沟通方式,有以下几种:

埋怨

"都是你的错。"

许多人都遇到过这类人,他们总是处于防御状态。以我的经验来看,以防御姿态去沟通的人,也许是不愿意承担责任,也许是害怕自己受到惩罚(也许两者兼而有之),因此他们会以"先发制人"的架势先去责怪对方。或者说,当他们觉得自我意识受到攻击时,他们便会责怪对方,作为自己被质疑的回应。

贴标签

"你头脑简单四肢发达,根本做不了那份工作。"

如果你曾经被别人贴标签,并且还按照这个标签给自己下定论,你就会理解这是一种带有偏见的沟通方式。就拿我来说吧,虽然我现在头发花白,可年轻时的我却是一头金发。由于人们总是把金发女郎和"漂亮愚蠢"画上等号,所以我已经记不清有多少不了解我的人给我贴上"绣花枕头"或"花瓶"的标签。幸运的是,我知道自己是个高智商的女人。虽然我可以对此一笑而过,但被贴标签的那一刻,我还是会感到丝丝慌乱。在家庭中,孩子也经常被贴上"聪明""漂亮""小丑""好孩子""败家子儿"等标签。

辱骂

"你真是个白痴。"

在我看来，辱骂在家庭成员的对话中似乎越来越常见。我想也许是因为我们的社会对这件事已经见怪不怪了。影视作品中出现"婊子""浑蛋"这类话也不会被删减。如果你想要伤害对方，那么辱骂确实会让对方很受伤。但如果你想要对方倾听你、理解你，那么辱骂这种破坏性方式不会实现你想要的沟通结果。

谴责

"你就是故意的。"

大多数时候，当一个人采取"谴责"这种沟通方式时，他们实际上是在给对方的行为强加一个假想出来的罪责，并认定了对方怀揣着不良企图。"你故意开着门……"，可能是事实，也可能不是。但把"开着门"假想成"故意的"，这是沟通中最具有破坏性的思维方式。在重要的人际关系中，对他人的行为妄下结论是很容易伤害关系的。

羞辱

"你从没做过一件对的事。""你什么时候才能学会用它？"

通过多年的观察，我发现有一句话常常被用于羞辱别人。那句充满了厌恶语气的话就是"真的吗？"（言下之意是对方无论说什么做什么都是错的）。

威胁

"下次你再这样做，我就走了。"

威胁给关系带来的影响是致命的。如果只是空泛的威胁（没有实际的后果），那么这种威胁通常会被忽略。然而，空泛的威胁一直持续下去，就会为原本信任、开放和诚实的沟通创造出一个不安全的空间。

读心术

"我知道你这么做是在报复我。"

当读心术与猜测对方的意图有关时,它看起来很像指责。我一直很欣赏那句话:"当你开始做出假设的时候,我们彼此都变成了傻瓜。"

提要求

"现在马上去做!"

要求通常会带有威胁的意味。"要么听我的,要么滚蛋。""照我说的做,否则后果自负!"这个"否则"的后果要么是收回感情不理不睬,要么是针锋相对争执到底。比如,"如果你今天不割草,那我今晚就不陪你参加聚会了"。

不断抱怨

"我讨厌你的方式。"

每次上车都会说类似"我讨厌你开车的方式"的话,有时甚至车子还没出车库就开始抱怨。

不断抱怨的确会让人很扫兴,但抱怨的人很少能通过抱怨得到他们想要的东西。所以,抱怨的本质是在关系中制造距离,阻碍了积极的沟通。

过于克制

"我不会告诉你我为什么不高兴。"

沟通风格太过克制的人更有可能回避沟通。我接待过许多前来接受治疗的夫妻,他们的问题在于:其中一方非常沮丧和愤怒,而另一方却一直在回避沟通。那些在沟通中过于克制的人可能是为了惩罚他们的伴侣。这种带着惩罚的克制可能是他们在成长过程中习得的应对方式，换言之，他们从前也这样被惩罚过。

评判

"你有毛病吧！"

语气完全是轻蔑的。

评判行为所表达的并不是对一个人的判断。

一位母亲刚刚目睹了她的丈夫对儿子怒吼。比起"你有毛病吧！"这样的人身攻击，她也可以换一种表达方式："你这样恶狠狠地对儿子大喊大叫，我感到非常痛心。你的做法让我又生气又伤心。我担心你这样会影响到他。我希望你能试着去想想你为什么会这样生气。"请注意：那些童年大部分时间都在父母和其他权威人士的惩罚和评判中度过的人，往往会感到自卑。

防御式沟通

"我不会听你的。"

前面提到的几种破坏性沟通，大多数都是在防御性姿态下进行的。之所以仍将防御式沟通单独列举出来，是因为它太常见了，并且经常被人们单独使用。可尽管这样，采用防御式沟通的人可能会将其与前文列出的那些破坏性方式一起使用。经常摆出防御姿态的人总是在情感层面上与别人保持距离。他们总是给人一种剑拔弩张的感觉，仿佛随时能和人发生争斗。而事实上，经常使用防御式沟通的人通常害怕自己会受到攻击。

蔑视

"我根本不在乎你说什么。"

这种沟通风格常见于那些认为自己永远正确的人。如果你是长期被蔑视的那一方，你可能会觉得自己不重要，甚至没价值。与其他破坏性沟通方式一样，这种沟通方式不仅会破坏人际关系中的良好沟通，也会破坏对方的心理防线。

被动攻击

"我下班后就去做。"

但心里根本不想做，只是说一些自认为对方想听的话来让他们闭嘴。

如果这种沟通方式在一段关系中频繁出现，就会完全破坏信任。

说谎

"我从没那么做。"

即使做了，也不会承认。

和被动攻击一样，说谎也会破坏信任。在一段缺乏信任的关系中，人们会因为太过恐惧而不敢敞开心扉和推心置腹，所以关系中很难出现亲密和坦诚。

健康的家庭很少或者基本不使用破坏性的沟通方式，这种家庭氛围为公开分享个人经历和感受提供了积极的环境。这样的家庭允许有不同意见，也鼓励协商。

在有些家庭中，规则约束着沟通，家庭成员们无法畅所欲言。我们的口头交流通常被分为三类：事件、自我和人际关系。家庭是我们最常分享自我和人际关系话题的地方，可家庭内部的规则却规定了哪些话题可以拿到桌面上讨论，也规定了哪些话题不可以提起。

我的原生家庭总是鼓励大家在吃饭时谈天说地，能成长在这样的家庭是我的幸运。我常常回忆起那些精彩的谈话，它们涵盖了各式各样的话题：我们讨论过外面的世界，如日常活动、历史、宗教和政治等。我们也进行过激烈的学术辩论，这种有趣的谈话形式让我懂得了人与人之间可以求同存异，并在差异中彼此欣赏，和谐相处。直到成年后，我才意识到与家人在餐桌上交流的经历是非常难得的。

在与来访者工作时，我有时会使用一种评估方法去探知他们家庭内部沟通的亲密性和安全性，那就是让他们描述有代表性的用餐体验。我记得一位成年来访者曾经和我分享过这样的经历：他是家里十个孩子中最小的一个。每天放学回到家以后，他常常因为做事情过于投入而错过了晚饭。但家里从来没有人喊他吃饭，也没有人去找他。每当他感到饥饿去厨房吃饭时，晚饭早已经结束了，家人一点东西都没给他留。他常常因此哭泣，但哥哥姐姐们却还取笑他。于是，他就会饿着肚子上床睡觉。这样的事情经常发生。

听他分享完与家人吃饭的经历，我一下子理解了他为何如此自卑，如此不信任他人。

我就饭桌上的经历对他提出很多问题：

- 他的家人是分开吃饭还是一起吃饭？
- 他们会边吃边聊天吗？
- 谁是经常说话的人？
- 大家通常谈论哪些话题？
- 他们在吃饭时的感受是积极的还是消极的？为什么？

虽然我一直认为我家的晚餐谈话很精彩，但这些谈话却很少涉及个人或关系，比如我家几口人之间的关系。事实上，从来没有人告诉我们，有关个人或关系的话题是不允许谈论的，但这似乎是一个大家都心知肚明的规则。虽然没人明确提出这条规则，但我们还是认真遵守。虽然我们可以分享个人信息，比如"我历史考试得了A"，但这种有关自己的分享也仅仅限于"信息"层面，从未进入"感受"层面。在我的记忆中，我从没听到家里有人说过表达感受和情绪的话，比如"我很难过，今天的拼写测试我拼错了两个单词"。

有些家庭根本不允许表达感情，而有些家庭的规则是"女性可以表达感情，但男性不能"；或者"可以表达愤怒，但不能表达悲伤"。不管怎样，每个家庭都有一系列规则来管理家庭成员之间的沟通：有些规则是大家公开提出的；有些规则虽然没有拿到台面上讲，但大家都心照不宣。

◊ 是问题，还是难题？

每当谈到沟通交流时，我们往往会将那些让我们束手无策的困境视为"难题"。在我刚从事心理治疗工作时，每当一对夫妇或一个家庭走进咨询室，提出他们所谓的"难题"时，我时常感到困惑。后来我才意识到，我需要区分"问题"和"难题"。

我们都会遇到问题，生活会没完没了地为我们制造问题。如果回避问题或者问题反复出现，并且当事人仍没有用令自己满意的方式处理掉问题，这些问题就可能变成难题。成功地解决人际关系中的问题对个人来说很重要。同时，这也是幸福的人际关系的关键。

让我来举个例子：一对刚刚结婚三年的年轻夫妇来接受夫妻治疗。

他们看起来很激动，都在和对方赌气。妻子哭着说："我们结婚才三年，我就感觉自己被忽视了。他根本不把我当回事。每天他一下班回到家，我们就会吵一架。有一天晚上，他竟然踢了家里的狗！所以，我才不得不打电话跟你预约了治疗。每次我都是哭着结束争吵，然后再躲到角落里生闷气；他也赌气坐在一旁不说话。我们一言不发地坐在同一张桌子上吃晚饭。饭后，我去卧室看书，他待在客厅看电视。我受够了！也许我们应该离婚！"

听罢妻子的话，我并没有发表观点，随后便转向丈夫。丈夫开始抱怨道："我也受够了！我的工作对人要求很高。老板也很讨厌，简直就是个浑蛋！家不就是避难所吗？可每当我回到家，还没等进门，她就开始发作了。"他接着说："那天晚上，她刚开始骂骂咧咧，狗就跑过来扑向我，我当时也很生气。我的确用脚把狗推开了，但我没有'踢'它，我只是把它推开了。这件事情千真万确，我当时很生气，于是就对着狗大喊。然后，她又和往常一样发疯。看到这个局面，我立刻同意见婚姻顾问。"

难题：夫妻俩在吵架。双方都感到不快乐和疏远。

被回避或尚未得到圆满解决的问题可能会升级为难题。

• 问题1：丈夫显然需要一种方式来排解工作带给他的沮丧，释放他对老板的愤怒。（丈夫目前的确在咨询职业顾问，以便解决老板和工作带来的问题。但在夫妻治疗阶段，他的愤怒和沮丧不能损害夫妻关系，这一点很重要。）

• 问题2：丈夫回家后，妻子急切地想和他交流，可这件事似乎变成了诅咒，丈夫与妻子交谈时体会不到幸福感。（妻子是一个刚搬到这个社区的家庭主妇。她每天大部分时间都一个人待在家里。）

- 问题3：丈夫从工作环境回到家庭环境，沟通不成功，让他和妻子都感到不安。

一旦澄清这些，问题就很容易解决。我用了三次咨询来解决这对夫妻当下的困境，他们对此都很满意。

- **问题1的解决方案**：丈夫在他们的车棚挂了一个"沙袋"。当他需要发泄愤怒时，他会花5~10分钟捶打这个沙袋，然后再进屋。（他很喜欢这样！他小时候就有个沙袋。）
- **问题2的解决方案**：在妻子看来，一旦她分享和表达了自己的感受，就觉得丈夫听到了她的心声（丈夫其实很温柔），他们就能"头脑风暴"出一些让她认识新朋友并与新朋友日渐熟络的方法。结交朋友，和其他人沟通，这在一定程度上满足了她"有人陪伴"的需求。在此之前，丈夫一直是满足妻子各种人际关系需求的人，而现在，他免去了不少压力。
- **问题3的解决方案**：从他们刚来咨询时的描述可以明显看出，丈夫在下班后需要一些时间从工作状态切换到居家状态，这样才能完全投入到妻子的生活中。妻子是如此渴望与丈夫共度时光，以至于他回家时，她没有给他任何喘息的空间。我和他们探讨了一些方法，他们都认为这些方法可以让他们从白天各自的状态顺利过渡到丈夫下班后的家庭生活。丈夫说，在简短的问候和亲吻后，他想去卧室换掉西装，然后去阅读邮件。只要有大约15分钟的时间来做完这些事，他就可以和妻子度过一个美好的夜晚。妻子也同意她不会一上来就缠着丈夫，她甚至建议丈夫先坐下来看看六点钟的新闻，然后再吃晚饭，一起消磨晚上的时光。丈夫表示，他很赞同妻子的这个提议。

两周后，当这对夫妻再次接受治疗时，他们说家里已经不再硝烟弥漫。两个人似乎都对关系的进展非常满意。不再有哭泣，不再有大喊大叫，不再考虑离婚。他们都说，很享受晚上在一起的时间。

这一切都在说明一件事：
重视你遇到的问题。
当问题出现时，处理它们。
不要让它们升级成难题！

从夫妻关系放大到家庭动力，我们需要理解一件很重要的事：不同的文化推崇不同的沟通风格，并且有着不同的沟通规则。有这样一对年轻夫妇，妻子是意大利人，在她成长的家庭中，家庭成员都主动且热烈地表达感情；而丈夫来自保守的英国家庭，他有时会刻意克制情绪，感情不外露，这对夫妻可能会在交流中感到沮丧和困惑。而当这个家庭有了孩子之后，孩子可能会在日常沟通方面体会到非常对立的"规则"：他们应该敞开心扉畅所欲言，还是保持克制含蓄内敛。

这个英国-意大利家庭的沟通风格的确是个问题，但它可以避免发展成一个难题。

有人说，每对夫妻都是来自不同的文化背景却走到一起的两个人。我认为这句话还是有一定道理的，毕竟每个人都来自不同的家庭，继承了不同的沟通方式和规则。但是，差异越显著，就越需要花心思去理解、尊重、协商并接纳自己的另一半。

一个家庭的沟通方式和沟通规则是影响家庭的关键因素。这些方式和规则决定了家庭的健康情况，也决定了家庭成员的健康情况。虽然这句话听起来有些严重，但请记住，所有的沟通都是习得的。也就是说：作为成年人，只要我们愿意，每个人都有能力改变我们习得的沟通方式。我鼓励大家使用下面这些健康的沟通方式。

练习健康的沟通方式

• 体现你的存在

关注参与对话的其他人。避免外界的干扰。

• 增加眼神交流

通过眼神交流发出信号，让对方知道你在参与、你在关注他们、你对谈话很感兴趣。

• 用心倾听对方

倾听需要专注，不仅要关注对方的话语，还要关注话语背后隐藏的含义。这意味着我们在沟通中需要关注对方的感受和想法。

• 使用"我"作为主语

这种沟通方式在近几年经常被提到，但它始终是最难做到的。根据我的经验，把"我"当作陈述的中心可以让倾听者更容易听懂说话人表达的意思，因为带着防御和警惕的谈话很难抓住倾听者的注意力。

（场景：

妻子想告诉丈夫：他比约定的时间晚了两个小时到家。

妻子："你是不是有毛病？你太不体谅人了！你就不知道打个电

话啊！"

妻子用"我"来陈述："你回家这么晚，让我很担心。我不明白你为什么不打电话告诉我一声。我不知道你发生什么事情了，紧张得要命。")

• 分享——积极回应

如果你想进行健康的沟通，就要懂得一件重要的事：沟通是相互的！我们要敞开心扉分享自己的想法和感受，同时也要回应对方的分享。我在心理治疗中见过数百对夫妻，他们的共性问题是：喜欢分享的一方总是对另一方有意见，抱怨他既不分享也不回应。

• 直击问题，及时处理

不要指望别人能读懂你的心思。如果你想让别人知道发生了什么事情，不妨说出来！越是长时间地将问题藏在心中、不去坦诚且直接地处理，关系就越疏远。

• 承担责任

我在前面列出的每一种健康的沟通方式都要求参与者承担责任。明确自己的沟通意图并诚实地表达它。例如，你想分享自己的担忧，还是想警告对方？你只是想被倾听，并不需要别人对这件事发表想法和意见，对吗？

• 合作

如果你真的渴望健康的交流，请记住：这需要大家齐心协力。合作是沟通中最重要的事。

- **正确检验你的假设和理解**

这种方法的重要性无需我再过多强调。在沟通中做出错误的假设和错误的理解，随后又用错误的理解去回应别人所表达的意思，这种做法无疑会破坏关系。

- **语言交流和非语言交流同样重要**

在沟通交流中，我们不仅使用语言，还会使用语调、面部表情和肢体语言。我们要意识到自己会通过语言和非语言方式传递信息，也要关注到对方通过语言和非语言方式传递给我们的信息。

- **保持一致**

语言和非语言交流越一致，就越不可能发出让听者感到困惑的"双重信息"。

- **保持和善**

我的一位好友已经88岁高龄了，她常说："一旦态度和善，沟通就变容易了。"

如何培养健康的沟通方式

- 留出时间互相交谈和倾听。我鼓励家庭为"家庭会谈"专门留出一些时间，这对夫妻来说也是非常重要的。
- 约定一周一起吃几次饭。
- 找准谈话时机。俗话说"时机决定一切"。当你想要或需要进行一场可能会难以进行的对话时，找到合适的时机是非常重要的。如果有人太疲劳或忙于其他事情，此时尝试谈话就不太合适。

- 如果某个人或者所有人正在进行一些轻松的活动,此时谈话是很愉快的。但请记住一件事:当有人分享重要事情时,参与谈话的其他人应该尽量避免让自己手头的事情分散注意力。比如,在开车时进行重要的或者困难的谈话,未必是最好的时机。
- 如果你希望别人在你说话的时候关注你,你就要先学会关注别人。
- 练习宽容。

请记住:健康而亲密的互动是指参与者能够毫无保留地表达自己的想法和感受,并且愿意分享,也愿意倾听彼此。

识别沟通姿态和沟通规则

下面这些问题可以帮助我们识别家庭中关于言语沟通和非言语沟通的规则。先依照原生家庭的情况来思考下列问题。如果可以的话，再根据你现在的家庭情况来回答这些问题。比较一下原生家庭和现在的家庭在沟通方面有什么相似之处和不同之处。

1. 在你的家庭中，成年人表现出的最有效的非语言沟通方式是什么？
2. 在小时候，你体会过被倾听的感觉吗？大人们愿意花时间多听听你的感受或想法吗？你的话在什么时候不太可能被倾听？当你没有被倾听时，你是如何安抚自己的？
3. 在你的家庭中，有没有哪个人认为自己是永远正确的？对于你来说，永远正确是一件很重要的事吗？
4. 你如何看待对抗和冲突？你的父母有没有当着孩子的面吵架？这对你有什么影响？
5. 你认为你的家庭更自然、更开放，还是更刻板、更封闭？为什么？
6. 你的家人是如何解决问题的？谁主持家里的讨论？谁会参与进来？谁有决定权？
7. 在你的家庭中，家庭成员们都是如何被激励的？（表扬鼓励还是惩罚威胁？）这种激励风格对你的自尊产生了何种影响？

8. 在你的家庭中，大家会用幽默的方式交流吗？这种方式是否影响到健康的沟通？是促进沟通还是扰乱沟通？

9. 你们谈话的重点是什么：关于某个话题？某个人？还是人际关系？

10. 每当出现问题时，你的家庭会在问题升级成难题之前将它处理好吗？你能举出一个化解问题、避免其变成难题的例子吗？

11. 你的家庭当下面临的困难是什么？大家是回避它还是应对它？当你讨论这个困难时，你的家人是鼓励你还是阻止你？

12. 注意自己说话的语气。（可以录下自己在讨论中的发言，然后听听自己的声音。）你的声音是高亢的还是低沉的？是动听的还是刺耳的？是响亮的还是柔和的？你传递的信息给别人带来怎样的感受，他们是如何描述自身感受的？（尤其是当你心烦意乱的时候！）

13. 你认为哪一种破坏性的沟通方式在你的家庭中最常见？你最常使用的破坏性沟通方式是哪一种？（请记住，意识到这些是做出改变的第一步。）

14. 你能识别出哪些健康的沟通方式？哪些是你愿意经常使用的？保持现状，多用它们！

第四章

独立又紧密

身份认同指一个人如何评价自己在所属团体中的归属感、认同感和自我价值感,从而决定他有没有安全感。一个人越有安全感,就越不可能牺牲自己的欲望和需求来换取爱和接纳。健康的家庭允许每个成员在情感上独立,有自己的思想,能体验自身感受的同时又能与其他成员保持感情联系,既不过于紧密也不过于疏离。

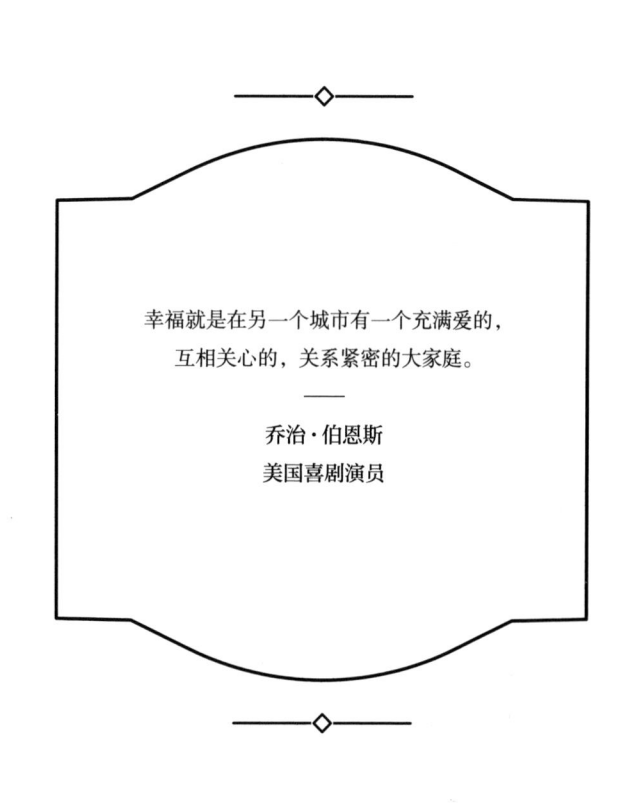

幸福就是在另一个城市有一个充满爱的，互相关心的，关系紧密的大家庭。

乔治·伯恩斯
美国喜剧演员

我祖母最喜欢的一句话是她从一位素不相识的女性那里听到的。在我成长的过程中，祖母常常和我分享这句话："我们能留给孩子的传世遗产只有两样：一个是根，一个是翅膀。"

我把这句话铭刻于心。在成为三个男孩的妈妈之前，我很清楚这句话就是我将来的目标。作为一名幼儿教育专业的学生，我接触到了儿童发展理论和最先进的育儿实践。我很清楚为孩子们提供安全和保障的重要性，这样他们才能成为健康、独立、心理健全的成年人。当我继续在心理学和家庭治疗领域工作时，我更深入地学习了这部分知识。

英国家庭治疗师约翰·宾-霍尔（John Byng-Hall）曾说过——

为人父母的成年人如果能讲出自己小时候在心情烦躁时得到安慰的故事，能讲出为了独立而得到支持的故事，那么这样的成年人养出的孩子的依恋类型很可能是安全型依恋……另一方面，那些被父母用不靠谱的养育方式带大，并对父母感到委屈不满的成年人，很可能会养育出不安全依恋的孩子[1]。

依恋是人与人之间的情感纽带。依恋关系非常重要，因为它是一种生存机制，并且会随着时间的推移一直持续下去。每个人在自己的世界中都有一个重要关系人，与重要关系人的依恋在很大程度上影响了我们的安全感，尤其是那些与我们非常亲密的重要关系人。

宾-霍尔的这句话向我们展示了家庭系统中代代相传的模式。值得关注的是，神经生物学家在过去的几十年里已经找到了足够的证据，证明人际关系是生物生存的关键。

当我在大学里深造儿童早期教育和发展的研究生课程时（在我攻读咨询心理学学位之前），我发现早期关系对安全感起着极其重要的作用，它决定着人们是否会发展出对外部世界的安全感。所以，当约翰·鲍比深入研究依恋对成人和婴儿的重要性并写出一部著作时，我满怀欣喜地拜读了这本书。他在依恋理论领域做出的贡献是无法估量的[2]。家庭治疗师早就意识到依恋对人的重要性，以及依恋如何影响人的自我意识和存在感。

现在我们知道，依恋的过程与生物学，尤其是与神经生物学密切相关。当代精神病学家兼作家丹尼尔·西格尔（Daniel Siegel）一直专注于研究人际间神经生物学。西格尔认为，人的机体是通过人际交往过程发挥集体智慧的，人际交往过程围绕着对话展开，对话是由关于经验、情感意义、记忆和行动的神经生理学脚本编写的[3]。

我相信真正意义上的人际交往过程开始于一个人出生之前，因为我们在子宫里就开始了对母亲的依恋。

我们体会到的依恋不仅仅是身体上的，还有情感上的。在儿童期，我们通过自己在家庭中的经历和感受，知道了别人是否值得信赖、是否可以支持自己的情感需求。我们也正是通过这些经历，理解到展现脆弱是否安全。长大成人之后，我们会将这些经历转化为对关系的信念。而这些信念影响着我们对关系的期望，无论是与重要他人之间的关系，还是与后代之间的关系。孩童时期所拥有的安全感直接影响着成年后的依恋关系，它让我们成为一个独立的成年人，也让我们有能力和生命中那些重要的人建立安全的依恋关系。因此，我们在保持独立和个性的同时需要与他人保持联系，这种能力的确会受到自我价值感和自我认同感的影响。

有些家庭提倡个体性和独立性，而有些家庭则要求家庭成员之间情感紧密。家庭的亲密或分离程度不仅取决于家庭模式，也取决于家庭发展的需要。孩子年幼时，家庭需要更紧密的联系。而随着孩子的成熟，家庭会满怀期望地鼓励孩子与家庭逐渐分离，从而支持孩子发展个体性和独立性。在一个健康的家庭中，这两个过程是同时发生的，因为家庭成员体验到的是健康的相互依赖。

家庭关系的亲疏与否本身并没有好坏之分。家庭关系的亲密程度或疏离程度是否健康，取决于它对家庭成员所产生的影响以及影响程度。比如，我有一些朋友，他们的成年子女每天都会打来电话。这种做法看似对父母和孩子都有好处，他们似乎也都很享受这种日常接触。然而，对有些人来说，这种亲密的关系互动并没有带来积极的体验。关系中的一方甚至双方都会因为每天花时间进行一次不必要的谈话感到心烦或气愤。有些关系互动方式并不是所有人都能接受的。对一个家庭有效的方法未必适用于另一个家庭。

上文提到的例子中，每天打电话聊天的只有两个特定的家庭成员。如果他们并不是独居，并且都已经有自己的家庭，这些例行公事一样的日常电话很可能会影响到家里的其他人。比如，伴侣可能会抱怨妻子每天花很多时间和母亲打电话。而对于成年的兄弟姐妹来说，当他们看到母亲和自己的手足如此"亲密"时，可能觉得母亲偏心，并对此心生嫉妒；而有时他们也许会感觉到释然，因为他们不必承受母爱过度所带来的负担和窒息。

当家庭中的两个或两个以上成员拥有其他成员没有的"亲密"时，

整个系统内部可能会关系紧张。父母中的一方可能会因为伴侣和孩子关系过于密切而心生嫉妒或感到受伤。这种变化可能发生在完整的家庭中，也可能发生在混合家庭中。在混合家庭中，继父母感到"被冷落"似乎更加常见。然而在有些混合家庭中，当孩子与继父母建立起联系时，亲生父母可能会嫉妒或喜悦，或两者兼而有之。如果孩子与继父母比与亲生父母更亲近，亲生父母可能会感到烦躁和困惑，也可能会感觉十分宽慰。显然，每个人对这种情况的反应各不相同。即便是同一个人，在特定的环境、特定的年龄和特定的发展阶段中，做出的反应也会有所不同。亲密和分离是家庭中两个永远存在的主题，我们需要经过协商才能达成一致。

◊ 情感紧密性和生命周期的发展

大约在孩子 2 岁的时候，就开始出现"应该多紧密？"的问题。对于有些孩子来说，学会走路就意味着个体化的开始，也就是说，他们开始作为一个独立的人来体验自我。只要他们能回头看到父母没有远离，他们就想要独自去探索这个世界。有些孩子会跑回来，想要得到父母的抚摸、亲吻，或者只是想和父母"接触一下"。而有些孩子会移动到离父母几英尺远的地方，他们想要并且也需要父母和自己一直保持距离。孩子的行为没有对错之分；因为每个人都有自己想要的、自己需要的，以及适合自己的个性化进程时间表。

如果孩子在这个发展阶段出现问题，更有可能表现在父母身上。家长能容忍孩子跑到院子中间抓小鸟吗？家长会立即跳起来追出去，还是喊孩子回来？如果孩子依旧黏着父母寸步不离，父母会对孩子感到气愤吗？

我们将时间从婴儿期快进到青少年时期。在家庭生命周期中，这个时期是家庭在心理自主性和个体性问题上斗争最激烈的时期。大多数父母都会在一定程度上做好心理准备去迎接这场不可避免的权力斗争。斗争的双方分别是想要更多自由的青少年，以及认为孩子还不够成熟、无法掌控更多自由的父母。抚养青少年的过程就像在崎岖的路途上探索，那些建立了明确的权威等级制度，并根据孩子生命发展周期制定了适当规则的父母，比那些没有建立权威等级制度的父母更有可能轻松地度过这个阶段。如果家庭是开放的、灵活的，孩子从青少年成长为青年的过程就会更加顺利。

青春期一过，家庭就进入了让年轻人"启程"的阶段。通过最近十余年的观察，我发现这个阶段已成为家庭生命周期中比较困难的阶段。统计数据显示，越来越多的年轻人在高中或大学毕业后会继续住在家里，将年轻人置于尴尬境地的原因通常是经济上的。人们普遍认为，成年子女需要找到工作才能开始更加独立地生活；然而，对于现在的很多年轻人来说，独立生活往往很困难，因为他们的收入无法负担高昂的生活成本。

而在有些情况下，成年子女住在家里并不是由于经济原因。一种可能是，这个孩子虽然已经成年，但他只是个成年的孩子。他在某些方面没有体验到自信，因此也就无法实现个性和独立。还有一种可能是，父母中的一方或多方（可能包括继父母在内）不愿意让孩子真正"启程"。这种情况的出现，父母并非有意为之，而是无意识的。

然而，我们不能将所有的情况一概而论。虽然有些孩子在成年后依旧会选择与父母中的一方或双方生活在一起，但这并不意味着他们"启程"失败。事实上，在这样的家庭中，成年子女留在家里对某些家庭成员来说是一种功能健康的选择。这种安排没有让家中的任何人牺牲自己的欲望和需求，相反还会让大家互惠互利，这才是关键所在。

◊ 情感紧密性和大家庭

当我们面对情感紧密性这一话题时，还有一个和它同等重要的话题摆在我们面前：一个小家庭需要花费多少时间与大家庭相处，即"结婚后如何与亲戚们相处？"。每周日晚上在父母家吃晚餐的体验对于家人来说是积极的、中性的还是消极的？

我至今还记得我们家族延续多年的周末聚餐传统。每年夏天，我们一大家子人都会在星期天晚上聚在我奶奶家野餐，这其中包括我的父亲、母亲、哥哥、姐姐和我，还有我的姑姑、叔叔和三个堂兄妹。这样盛大的家庭聚会从我很小的时候就有了，一直持续到我高中毕业。对于夏天的聚会和野餐，我一直很期待。在我看来，那是一段充满趣味的快乐时光，因为所有的家人都聚在一起。我似乎从未听我的父母或兄弟姐妹们对此抱怨过。

当我成为一名家庭治疗师后，我很快发现并不是每个人都能像我一样对大家庭的周末聚会有着积极的体验。有人曾经和我说，家庭聚会就像"御前表演"。我也意识到，一个家庭里可能有不止一位成员因为被要求必须参加聚会而感到不满。

这种情况貌似还很常见。每当讨论这个话题，我都会记起那个让人感到惊讶的案例：来访者是一位刚刚丧偶的 60 多岁的妇人。她的孩子们希望她每周日晚上为家庭聚餐购买食材并准备一桌丰盛的晚餐，但这位老妇人对此颇为不满。这是我第一次听到身为母亲和祖母的女性对家庭传统表达不满。在此之前，我只听过成年子女或孙子孙女对家庭聚会发牢骚。

第四章 独立又紧密　　075

当来访者表达关系紧密带来的负面感受时，我的目标是帮助他们理解这种感受背后隐藏着什么，并启发他们去探索内心深处还能体验到哪些不同的感受。这个过程通常需要一个人去重新撰写他正在对自己讲述的故事。比如，当我和一个十几岁的孩子坐在一起时，如果他和我抱怨每周五晚上去爷爷奶奶家是多么无聊，我会鼓励他去探索一下，除了无聊之外，自己心中对于聚会还有哪些感受。我可能会先问他：在周五晚上的聚会上，有没有让他感到不无聊的时刻。在"周五聚会"这个故事里，有没有什么东西可以用来创造一个更新更积极的故事？现在能讲给我听吗？或者说，曾经的故事中有没有什么东西可以激发他的创造力，让他在家庭聚会上不无聊？当他参加聚会时，他期望自己有什么样的感受？他该如何提升这些感受？

一旦带领来访者探索了个人的内在反应，我就会鼓励他们去继续探索自己可能与别人进行哪些对话，以及自己可能会做出哪些行为上的改变。这些探索或许会帮助他们处理关系中的"情感紧密"问题。

毫无疑问，家庭关系分离性和情感紧密性一直受社会大环境影响。农耕社会时期，家庭成员通常住得很近。而在现代社会，家庭成员的住所常常相隔很远。现代科技的确能帮助人们经常联络，这让我能够和生活在另一个州的孙子孙女用通信软件聊天，我对此非常感激。在我的第一个孙子 14 个月大时，我去探望过他。不久之后，我和孙子就开始用手机视频聊天。他曾经想要爬进屏幕里，仿佛那样我就可以抱着他了。这一幕让我很感动，但又让我有些羞愧，因为视频聊天无法代替真正的面对面互动。虽然在听觉上和视觉上能够得到满足；但是，闻不到身上的气息，也没有肢体接触，这本身就是一件让人失落的事。

现代科技可以帮助我们维持联系，但也会导致中断联系和丧失亲密感。使用手机、平板电脑、笔记本电脑和其他设备在某种程度上让人际距离变得更加疏远，而使用者自己却常常意识不到这一点。

几年前，我见过一对40多岁的夫妻来访者。他们告诉我，在和我会面的前一周，他们俩在家的主要沟通方式是发短信。听到这些我都惊呆了。我很清楚，他们每个人都需要去探索自己如何做才能创造更好的沟通方式和亲密关系模式。

○ 心理自主性和个体性

心理自主性、个体性以及与原生家庭分离是每个人都要经历的、持续的内在过程。我见过一些年过古稀的老人，他们还在固守着儿时接受的信息和观念，这些信息和观念阻碍着他们做真实的自己。

和大家分享一个例子。我曾经遇到过一位刚刚失去丈夫的72岁女性来访者，她那时正处于悲伤之中。我们一起工作了一段时间后，她告诉我她一直想去法国。由于她丈夫生前对离开美国去其他国家旅游一点都不感兴趣，所以她把这个愿望放在了次要位置。当我们谈到如何创造她的下一段人生时，她开始探索去法国旅行的可能性。而她还有一个女性朋友也一直在鼓励她一起结伴去巴黎。

然而，这位来访者发现自己正在被一股极大的焦虑情绪笼罩着。当我们探究她的焦虑感受时，她回忆起当她还是个小女孩时，她的父亲曾经给她传递了一些信息：他的父亲是一名经历过第二次世界大战的美国士兵，并且赴法国战场参加了诺曼底登陆。这段经历给她的父亲带来了精神创伤，他直言永远不想再踏上法国的土地。我的来访者把父亲的恐惧和他所传达的信息都刻在了心里。

我和她工作的重点是帮助她发现并坚持自己的信念。最后，她已经能够将自己的信念与父亲的信念区分开来。她的焦虑烟消云散，还和朋友一起去巴黎旅行。她说她非常享受这次旅行，并且正在筹划更多的出国旅行。

来访者在夫妻治疗和家庭治疗中问到最多的问题是："情感紧密到什么程度才合适？"每个与另一半携手走进婚姻的人，都会带来属于自己的、关于分离性和情感紧密性的问题，这决定了他们能在多大程度上包容和应对自己和伴侣之间的关系连接，以及和伴侣原生家庭的亲疏程度。在夫妻关系中，双方是否对分离程度和紧密程度感到满意，主要取决于他们从原生家庭的情感系统中成功获得了多少自主性和独立性。

我在前面提到的莫瑞·鲍文，是家庭系统理论的创始人之一。鲍文在家庭治疗领域做出了许多重要贡献，其中之一就是自我分化理论。他将自我分化定义为：一个人将自己的情感和智力功能与家庭功能区分开的能力，从而在不丧失情感连接能力的情况下实现独立和成熟。根据鲍文的假设，个体的分化程度越高，对身份认同的接受程度就越高，身份认同带来的安全感就越充足，因此就不太可能牺牲自己的欲望和需求来换取爱和接纳[4]。

如果一个成年人没有成功地完成自我分化，那么这个人就不能自由地做自己，也不能感受自己的真正身份。换句话说，这个成年人无法和自己建立真正的连接！人一定要拥有与自己建立连接的能力，这样才能与家庭中的情感反应断开连接。将自己的情感反应与家庭的情感反应分开，不仅能自由选择如何反应，也能自由地选择如何感受。

◯ 情感反应

当我们无法再改变某种情况时，摆在我们面前的挑战就是改变自己。

或许我们无法留住身边的任何东西，但有一样东西可以永远握在手里，那就是人类的最后一项自由——在任何环境下都能够选择自己的态度，选择自己的道路。

在刺激和反应之间有一个空间。填满这个空档的是我们的力量——支撑我们选择如何反应的力量。我们的反应里深藏着自己的成长和自由。

——维克多·弗兰克尔
意义治疗与存在主义分析流派创始人，著有《活出生命的意义》[5]

鲍文将家庭视为一个情感系统，这个情感系统包括目前生活在这个家庭中的成员，也包括这个家庭所隶属的大家庭中的其他成员；包括健在的家庭成员，也包括去世的家庭成员。他认为，所有的成员——无论是在场的还是缺席的，无论是活着的还作古的——共同构成了这个情感系统。他还认为，家族中上几代人的情感系统仍然存在于现在的家族中。他将这个系统称为核心家庭的情感系统。

每个家庭都试图找到适合自身的舒适度，以便让家里的每个人既能实现自我分化，也能在身体上和心灵上成为一家人。当家庭成员以不健康的方式被"粘在一起"时，就会出现情感过于紧密的问题。鲍文称之为融合或过度纠缠。融合是将自己与另一个人以一种深度自我迷失的方式、不分彼此地交融在一起。

作为人类，我们对于情感紧密的需求是与生俱来的。我们会努力让自己成为一个独立自主的个体。可与此同时，我们的内心深处依旧渴望着紧密的情感，这种渴望可能会给个人和家庭带来压力、紧张和焦虑。个体性与情感紧密性的冲突始终存在，因此我们在不断地调整自己并重新适应。

我们向往什么程度的亲密？我们想要拥有多么紧密的关系？

我们可能会因为和别人联络过于频繁而感到疲惫，也可能会因为联络太少而感到疏远，什么样的联络频率适合自己？我们需要从关系中获得多少认可？

正如我之前提到的，鲍文提出的自我分化包括一个人在与他人交往时区分自己的感受和想法的能力。在自我分化理论中，个体的情绪反应是一个关键因素。当然，关系离不开情绪和情感；倘若没有情绪和情感，关系也就不复存在了。虽然这是事实，但关系中的多数痛苦都是由情绪和情感引起的。

一个人在情感上的反应和应对是决定分化程度的关键因素。如果一个人明白他可以选择如何对一种情绪做出反应，而不是被情绪驱使，那么他就不太可能被情绪控制。而他的情绪反应程度也会有所下降，这个人也就成了自己的主人。他能够运用自己的能力和魅力与他人交往。遇到事情时，他也不会立即做出反应，而是通过思考来决定如何回应，并用这种方式平复自己的情绪。

作为人类，我们同时拥有情绪能力和思考能力。要想成为一个充分自我实现的人，想要成为一个真正有信心去做自己的人，就要学会界定——也就是区分情绪和思考。一个健康的、分化良好的人在遇到状况时，不会随性地自动做出反应；相反，他会先后退一步去评估情况，再识别和接纳自己的情绪。他会有意识地决定自己想要什么，确定自己的感受如何，以及在这种情况下选择以何种方式回应。此处，我们聚焦于一个人的自我和情绪反应上。自我和情绪反应都属于我们自己，而不是依附于别人。别人可能会赞同我们，也可能会和我们有分歧。别人可能会理解我们，也可能不理解。别人可能会采取和我们相同的行为，也可能会采取和我们不同的行为。

我们一定要放弃这样的想法：我们必须让别人赞同我们、理解我们；改变别人的行为，才能满足我们的内心需要；让别人按照我的方式来，我才会感觉良好。

健康的、分化良好的人知道如何平复自己的情绪反应，也知道如何与他人维系关系。（除非关系不安全。如果关系中存在情感虐待或身体虐待，为了维持关系而将自己置于危险之中是不明智的做法。有些关系是"有毒"的，选择脱离这些关系通常是个人能做出的最健康的选择。）

在一段正在发展的关系中，当某个人情绪烦躁时，关系中的其他人也难以保持情绪稳定。有时候，唯有保持距离才能让大家冷静下来。然而，如果保持距离的时间过长，这段关系可能会遭到破坏，因为距离可能会阻断情感关系。

人们保持距离的方式是多种多样的。缺乏沟通、滥用药物、出轨、沉迷工作……这些都是人们为了减少在某段关系中的焦虑而制造距离的常用方式。距离过远会造成关系的功能失调，距离过近亦是如此。情感和关系的紧密程度需要达到一个平衡点，这样才能让大家都感到舒适。然而，无论是夫妻关系还是其他家庭关系，都会受到诸多因素的影响并发生变化，让大家感到"不舒适"，因此，我们要根据情况，适时对关系进行调整，寻找新的平衡点。

◊ 情感过于紧密

面对巨大压力的家庭可能会团结在一起，以便缓解那些由变化带来的焦虑。特殊情况下的情感紧密可以让家中的每个人得到安慰和支持。然而，如果这种紧密状态一直持续下去，并发展成融合或过度纠缠，那么家庭系统中可能会有一个甚至多个家庭成员受到负面影响。当家庭成员的智力自我和情感自我结合到一起时，家庭内部就会发生融合。

曾经有一位23岁的年轻女孩来接受治疗。她说自己非常沮丧，没有动力。在调查家族史时，我了解到她在两年前就一直待在家里。她那时正在读大二，由于医院给身患癌症的母亲下了病危通知书，所以她决定回到家里和家人一起陪伴母亲。六个月后，母亲去世了，全家人都很悲伤。她唯一的哥哥在母亲去世一个月后回到外地继续他的研究生项目。可这个年轻的女孩却留在了家里，和父亲生活在一起。父亲不久之后也重返工作岗位。她的生活重心变成了照顾父亲。她充当起家庭主妇的角色，做着她母亲曾经做过的事情。在接下来的两年里，她一直郁郁寡欢。

起初，我判断她那时正在忍受着无法释怀的悲伤。可一段时间后，我总觉得好像还有些事情没有被深挖出来。于是，我邀请她的父亲一起来参加治疗。当我听他们讨论问题时，我意识到这位父亲在向女儿传达复杂的信息。表面上，他一直在叮嘱女儿："回到大学，继续过年轻女孩的生活。"可是，他完全没有意识到自己的言语中还传递出许多隐晦的信息，"我太想念你妈妈了，我实在无法忍受一个人的生活。"

从母亲病危到去世的这半年多，这个家庭的成员一直聚在一起寻求支持，那种支持是及时而积极的。可女儿后来对父亲的付出等同于自我牺牲，远远超出了爱、同情和奉献，这对她的情绪和心理健康都是有害的。父亲并没有意识到，一旦女儿选择留在家里和他一起生活，她就会失去自我，也失去了自己对未来的梦想。

我支持了遭受丧妻之痛的父亲，也支持了遭受丧母之痛的女儿，并帮助他们从已经形成的纠缠关系中解脱出来。不久后，女儿回到了大学，我则是继续和父亲一起工作。我赞扬了他对妻子的爱，也鼓励他为自己创造新生活。很多人在亲人过世后可能很难继续前进，因为他们认定自己应该为已故的亲人继续悲伤，并误认为继续前进会减少他们对已故亲人的爱，这种情况在丧亲的家庭中经常出现。面对这种情况，悲伤疗法有助于引导和支持个体度过悲伤的过程。

在一个关系纠缠的家庭中，家庭成员过度卷入并极度相互依赖。如果家里的某个人试图与家庭分离，其他人可能会感受到更多的焦虑。在这样的家庭中，孩子通常被视为成年人的延伸，每个人都会把事情的起因归结到自己身上。无论孩子在无意间做错事还是有意去犯错误，父母都会认为自己没做好家长。父母会过度关注孩子的行为，以及这些行为在社交圈子中给孩子带来什么影响。

在关系纠缠的家庭中，每个人都被过度保护，这种过度保护令人窒息。每个人都必须观点一致，否则家庭成员们就会觉得整个家庭遭遇了危机。生活在纠缠家庭系统中的孩子，可能难以形成清晰的自我意识。这样的孩子可能会发现，将自己的想法和感受与父母的分开是一件很难的事。他们可能会感觉压力非常大，因为他们的情绪一直被家庭支配。他们不重视自己的内心体验，脑海中的想法是别人告诉他们的想法，内心的感受也是别人施加给他们的感受。在与别人相处时，他们可能会变得过度依赖，可能会缺乏自信、不够自立。然而，一旦他们反抗，另一个家庭成员（通常是父母）可能会变得抑郁或焦虑；而父母（可能是父母中的一个，也可能是父母双方）也可能会"选择"关注另一个孩子或家里的其他人。

◊ 关系太过疏远

在有些家庭中，家庭成员之间的关系过于疏远，几乎人人都是靠自己。家里的每个人都很孤独，他们很少享受在一起的时间，也很少分享思想或情感。他们会在家庭之外寻找其他人，并与之保持联络。

对于孩子来说，当父母中的一方或双方在他的成长过程中参与过少，他可能会感到不安全、孤独和自卑。这类孩子的父母通常也体验过类似的情绪。虽然这类孩子中有少数会很快完成个体化，并学会倾听自己内心的声音。然而，他们在日后的生活中可能难以与别人结下深厚的友谊、建立健康的关系。内心深处对亲密的恐惧可能会导致他们在人际关系上浅尝辄止，而他们的朋友可能也是泛泛之交。

健康的发展轨迹可以让孩子成长为情感独立的人。他们可以有自己的想法，可以体验自己的感受，但这并不妨碍他们与家人保持情感连接。他们可以表达自己的想法，因为自我分化健康且良好的人能够坦率且真诚地和别人相处，并且能对自己的感受、思想和行为全权负责。

在一个家庭中，父母与各自原生家庭保持情感连接的同时，还要实现自身的个体化。父母的个体化程度，决定了这个家庭中个体化和紧密性之间的平衡。如果原生家庭拖累了家庭成员的个体化，能够实现分离的唯一方式就是与原生家庭保持距离：可能是暂时离开；也可能是永远离开，与整个家庭或某个特定的家庭成员切断联系。

当一名或多名家庭成员选择不参与任何可以被看到的互动时，家庭关系就会发生物理阻断。除了空间上的物理阻断，家庭成员之间也会发生情感阻断。情感阻断是更加难处理的问题，因为一个人可以住在离家千里之外的地方，和家人几十年不接触，可家人始终能牵动他的情感。从这一点来看，物理阻断可能是一种自欺欺人的方式，让人误以为已经摆脱了家庭的束缚。可俗话说："无论身在何方，心永远朝着家的方向。"即使一个人不再与家人接触，他的心灵深处始终牵挂着家人。因此，让自己相信已经得到了真正的自由，只不过是在自欺欺人而已。

鲍文提出了代际传递的概念，即上一代人可以把情感模式传递给下一代。鲍文认为，家族中的"阻断"会一代代地重演，除非那些未解决的遗留问题得到妥善处理。在一段持续的关系中，阻断关系的模式只是暂时的解决办法，但对于那些因极度激烈的情绪产生的焦虑，这种办法未必奏效。

当我还是个新手家庭治疗师时，我认为自己应该帮助那些与家庭切断联系的人重新建立联系。虽然我现在依旧相信这种方式在多数情况下都是最佳选择，但我也知道有时候保持距离或切断联系是一种健康的选择。因为有些关系是"有毒"的，可能会带来身体上或情感上的伤害。身陷这种关系时，我们必须将其切断，这样可以保护自己、疗愈创伤。作为一名治疗师，我的工作是帮助来访者从一个让自己产生情绪反应的地方转移到另一个地方——一个不被情绪困扰的地方（虽然不容易达到这种境界，但非常值得努力）。

把自己从情绪反应中解放出来并不意味着失去同理心。这个道理常常让人感到困惑。对有些人来说，学会保持适度的同理心是个体化进程的一部分。因为在他们的理解中，当他们关心或照顾别人时，就要随时随地为对方提供无微不至的照料。当一个人成功地进入个体化进程时，最重要的一件事就是要改变这种错误的信念，不再对所有的事情大包大揽。

我曾经接待过许多有吸毒或酗酒问题的家庭。在与这样的家庭工作时，家庭中的破坏性同理心与健康同理心常常是摆在我面前的重要问题。因为这些家庭中的成员们会非常关心有成瘾问题的家人，甚至还会为其担忧，他们倾向于维持自己的"拯救"模式。这就是一个典型的破坏性同理心的例子。然而，当多次"拯救"失败后，他们往往会倾向于"放弃"，但有时也会更加卖力地拯救。对许多人来说，"放弃"不仅仅是放弃他们的失败拯救，还是放弃了对成瘾者和家庭现状的感受。随着治疗的深入，我希望他们即便停止了拯救，也要继续对自己和有成瘾问题的家人保持健康的同理心。

◊ 如何平衡紧密与分离

人类为了生存需要关系。当我们来到这个世界的那一刻，就需要依赖关系来维持基本生存。婴儿时期的我们需要家人在身体上和情感上给予我们双重滋养。而人生早期的人际关系恰恰是决定我们未来人际关系的关键。我们需要让关系变得紧密，不仅是为了生存，也是为了能让自己的人生变得丰盛。每个人都需要关系。如果一个人在一生中所经历的人际关系比较健康，那么他的身体和情绪也会比较健康，这两者之间有很强的相关性。哈佛大学医学院的精神科医师、治疗分析师罗伯特·瓦尔丁格（Robert Waldinger）教授曾经在 2016 年做过一次题为"哈佛大学成年人发展研究"的 TED 演讲。瓦尔丁格教授在演讲中提到：

能够预测晚年生活质量的并不是中年时期的胆固醇水平……而是他们对亲密关系的满意程度。如果一个人在 50 岁时对自己的关系非常满意，即使到了 80 岁，他的生活依然会非常健康幸福[6]。

正如前文所说的，健康的发展轨迹允许孩子成长为一个在情感上独立的人，他可以有自己的思想，体验自己的感受，同时也可以与家人保持情感联系。

　　当一个人成长为更加独立的成年人时，需要面对的问题就变成了"关系该有多紧密""和谁发展关系""关系互动的频率如何"。

紧密还是分离？
怎样的距离才算合适？

我们应该如何在家庭中成长？

1. 在你成长的家庭中，家人们会一起吃饭吗？你对此感觉如何？你希望情况发生哪些改变？
2. 你的家人在吃饭或开车时会互相交谈吗？你对此觉得舒服还是不舒服？为什么？你希望情况发生哪些改变？

继续回答下面的问题，请用 1-10 分给你的原生家庭打分。1 表示几乎都是分开的（疏远的），10 表示几乎总是在一起（紧密的）。答案没有对错之分。这些问题可以帮助你评估从前的经历，并且通过评估了解自己想要做出什么样的改变。（用一些描述性的词语来呈现你在家庭中的所见所感：你是否曾经历过温暖、关心、情感上的距离、身体上的距离、窒息、冷漠、鄙视、冲突、爱……？）

3. 思考一下你父母之间的关系，他们是彼此疏离，还是关系紧密？你给他们的关系打几分？你和重要的人之间的关系如何，与父母关系相似还是不同？
4. 你的母亲与她父母之间的关系是疏远还是紧密？你和母亲之间是疏远还是紧密？你和外公

外婆之间的关系如何？

5. 你的父亲与他父母的关系是疏远还是紧密？你和父亲之间是疏远还是紧密？你和祖父母的关系如何？

6. 如果你有兄弟姐妹，请分别为你与他们每个人之间的分离 / 紧密程度打分。回忆一下从前，你与他们之间的分离 / 紧密程度发生过怎样的变化？

7. 在成长过程中，你在家庭中经历的分离 / 紧密总体来说处于什么水平？你会如何打分？对于你来说，你家里的分离 / 紧密程度让你觉得舒服吗？

思考你目前的状态

1. 根据你与原生家庭中的家人们实际相处的时间长短，为你目前关系的分离 / 紧密程度打分。你对这个分数满意吗？

2. 根据你与原生家庭的情感联系，为你目前的分离 / 紧密程度打分。你对这个分数满意吗？

3. 从前的分离（距离）/ 紧密（亲密）的经历对你现在的关系有什么影响？

4. 你之前是否在重复原生家庭的分离 / 紧密模式？你有意尝试过不同模式吗？

5. 你赋予孩子的自主权和自由度，与你在原生家庭中得到的相比，是多了还是少了？

6. 你认为你与家人的关系模式会影响你的朋友关系或其他关系吗?

了解你的亲缘关系模式可以帮助你下定决心,更灵活、更有建设性地确定你自己想要的关系模式。如果你有孩子或经常与年轻一辈的家人联系,你的关系模式将成为你留给他们的宝贵财富。

第五章

伤人的"三角"

在家庭中，每当两个人的关系太过亲密或者太过疏远时，一方或者双方就会变得焦虑，他们通过将第三人卷进关系中，减少自身焦虑，并稳定家庭系统。那些维持多年又无法改变的三角关系往往十分僵化，严重伤害卷入其中的成员，强迫其扮演拯救者或替罪羊，甚至变成"家中的病患"，令其痛苦不堪。

那年，家里的风往错的方向吹去，
直至今日，呼啸的风声依旧响彻我耳畔。
母亲的忧虑让我停下所有的游戏；
父亲紧皱的眉头仿佛再也没有舒展开，
支离破碎，我那张天真的孩童的脸。

——

《遗产》

娜奥米·兰普兰斯基

美国犹太裔女诗人

当你面前摆着一个只有两条腿的凳子时，你一定会想到：坐在上面的人很难保持平衡。可如果给凳子加上第三条腿，形成一个三脚架或三角形，凳子就会稳定下来。在家庭中，三人组从某种程度上讲也是最小的稳定团体。家庭在发展过程中会面对压力，在经历事件时也会面对压力，这些压力可能会让家庭系统中出现三角关系结盟——当家中的两个人关系出现问题时，会把第三方拉进来，形成三角关系。三角关系结盟的功能是平衡家庭系统，因此不能盲目地说它是好还是坏。

三角化是大多数家庭治疗师在治疗过程中需要处理的互动模式之一。莫瑞·鲍文和其他家庭系统理论的研究者认为：每当两个人的关系变得太亲密或太疏远时，他们中的一方或者双方就会变得焦虑，此时他们会试图将第三个人或第三件事物牵扯进这种关系，以此来减轻焦虑，并稳定家庭系统[1]。

健康的家庭系统能帮助系统中的每个人成长和发展，因此，健康的家庭系统是为个人服务的。在不健康的家庭系统中，个人反而为系统服务，这在某种程度上会损害个人的成长和发展。每个人在个体和关系方面的成长和发展都需要得到安全、保障和自由。如果三角中一个或多个人的安全、保障和自由被剥夺了，那么这个三角便是有害的。

三角关系可能是功能良好的，也可能是功能失调的。功能良好的三角关系有助于家庭稳定，但存在时间通常比较短。一般来说，这样的三角关系由扮演不同角色的一个或多个家庭成员组成，在一段特定的时间内存在于家庭之中。

我生第三个儿子的时候，婆婆过来帮忙，在我家住了一个星期。她承担了许多家务事，包括做饭、照顾家里的老大、老二，还要帮我看护刚刚出生的老三。在这个人生的发展和转折阶段，我对婆婆十分依赖，让她成为我的"替身"，替我负担起"母亲的养育责任"。而我刚生完老三就得了肺炎，我也需要被照顾。除了孩子和丈夫，我和其他家人朋友的联系几乎都是通过婆婆。在我身体恢复之前，我对婆婆的三角化只是暂时的。她的支持帮我稳定了我与配偶、大儿子、二儿子、刚出生的三儿子、朋友及邻居的关系。

在大多数情况下，家庭系统理论倾向于将三角化视为"危险信号"，因为为了稳定两人关系而形成的三角关系是不健康的。这类三角关系之所以不健康，原因就在于两个人中的一方甚至双方在用第三个人或第三件事物来转移对关系的注意力，而不是从根本上解决关系中存在的问题。因此，如果这两个人在关系上的问题没有得到解决，被三角化的第三个人（尤其是孩童）可能会遭受情感和精神上的伤害。

◊ 以孩子为目标的三角关系

在一个家庭中，如果关系出现问题的两方是养育孩子的夫妇，那么孩子自然而然就会成为三角化的目标对象，因此这个家庭中的一个或多个孩子会被卷入三角关系。这种三角关系的作用是模糊婚姻中出现的冲突，或者让养育问题掩盖婚姻本身的冲突。

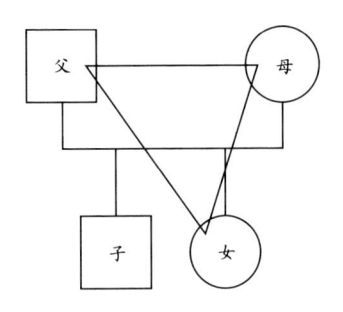

图 5.1　父母/孩子三角关系

做家庭治疗师的这些年里，我和许多家庭打过交道，我发现许多将孩子卷入三角关系的家庭都有一些共性，我也曾经多次深入思考过这些问题。

遇到过的最常见的三个问题是：

1. 孩子成为安慰剂（和平缔造者、拯救者）
2. 孩子成为养育者（父母化的孩子）
3. 孩子是关注的焦点（有行为问题的孩子，在情感上、精神上和/或身体上生病的孩子）

我会在下文举出一些例子来深入讨论这些问题。

孩子成为拯救者

我的来访者露丝在拜访了她的母亲（M）和继父（SF）后来找我咨询。她说自己感觉到焦虑和沮丧，因为有一件事情让她很困惑：每当她去看望母亲和继父时，家中的关系互动总是以相似的模式展开。虽然每次场景都不一样，但互动方式几乎一模一样。

场景一（早晨。一家三口坐在餐桌旁。）

母亲对继父说："你能再帮我倒一杯咖啡吗？"

继父（读报纸）："我读完这条新闻就去。"

母亲："哦，看在上帝的分上！帮帮我！"

继父："你自己去倒。我不是你的仆人！"

（露丝感到苦恼。她想缓和这种尴尬的气氛，于是就加入了三角关系，试图将母亲和继父从这场争吵中拯救出来。）

露丝："不要紧，妈妈，我去给你倒咖啡。"

母亲："别帮他开脱！无论我让他做什么，他都不愿做。我感觉你不怎么喜欢我！你好像更喜欢这个后爸！"

（妈妈气得直跺脚，头也不回地走出房间。露丝心里很不舒服，她只是想"帮忙"而已！）

你或许经常听到自己或别人说这句话——"我只是想帮忙而已"，可令人困惑的是：为什么每次你明明在帮忙，却感觉很糟糕？

场景二（露丝和母亲打算出门去购物中心。继父打算为她们准备晚饭，等她们回来一起吃。）

当母女二人要出家门时，继父背着露丝，低声询问母亲。

继父："你路过生鲜店时能买些新鲜番茄吗？我晚上要做沙拉。"

母亲："当然可以。我们会在6点前回来。"

（下午5点45分：逛完街的母女俩回家了，忘了买番茄。）

继父："番茄呢？"

母亲："哦，我忘了。我们可以吃没有番茄的沙拉。"

继父："我花了一个小时做晚饭，你却连个番茄都买不来！"

（他扔下洗碗巾，背对着母女俩。）

露丝（开始缓和矛盾）："我现在就去买番茄。"

（她买到了番茄，但餐桌上气氛很紧张，母亲和继父都不说话。露丝试图继续找些话题，但她再次感到很焦虑。）

同样的模式一次次重复。露丝是如何进入这种安慰者/拯救者的角色的呢？最有可能的原因是：当露丝还是个孩子时，她亲生父母的一方或双方在发生争论时，会将她卷入争论，让她"被三角化"。因此，露丝被迫成为父母关系的拯救者。而她也接受了这个角色，于是从孩童时期起就一直在父母中间扮演着拯救者的角色，承担起修复关系的责任。

在治疗中，我们一起探索了露丝的焦虑情绪，露丝意识到这些焦虑与她为缓解母亲和继父之间的紧张关系所做的徒劳有关。她还意识到，她常常扮演拯救者或和平缔造者的角色，这种模式在她母亲家以外的其他场合里也在不断重复着。

当露丝觉察出自己在承担拯救者的角色时，她已经意识到自己可以自行选择是否继续在母亲和继父的关系中扮演这样的角色！当然，如果她决定摆脱这些角色，她也要放下那种"一定要对父母的关系负责"的感受，这对露丝来说很重要。当她感觉父母关系变得紧张时，她可以学着安慰自己，并且懂得一件事：她可以优先照顾自己，将自己从父母的感受中分离出来，不必急着去帮助父母修复关系。我很希望露丝能做到这一点。

作为一名成年人，露丝依旧心甘情愿地进入三角关系，因为她从小就深陷在这种模式中。当孩子被迫卷入三角关系时，成年人往往是始作俑者。虽然一旦陷入三角关系就不容易摆脱，但只要我们有觉察和领悟，下定决心并鼓起勇气去采取行动，就能成功摆脱家庭三角关系的束缚。

孩子被父母三角化的情况并不少见。父母总是希望孩子扮演拯救者或和平缔造者的角色，就像我们在前面提到的露丝那样。三角关系是不可避免的。一个人被卷入三角关系或许并不是问题，问题在于他如何在三角关系中应对自己的想法、感受和行动等。一旦我们识别出三角关系，就可以做出一些选择。你可以自己决定是否要继续留在三角关系中。如果你决定留下，你可以选择你想要以什么姿态存在于三角关系之中。此外，关注三角关系的动态变化也非常重要。你不必承担另外两方的焦虑，但可以和三角关系中的其他人做开放的交流。请记住：在三角关系中斡旋，不是一件容易事！

在处理家中的三角关系时，觉察是第一步，它可以让我们不再继续陷入不健康的思维模式和行为模式。你可以与三角关系中的其他人进行讨论，传达自己想要脱离三角关系的意图；也可以通过改变自己在关系互动中的行为来表达。但我们要留意三角关系中其他人的情绪和心理健康状况，因为这样可以让你避免加入那些注定会以混乱和失败告终的谈话。

我的来访者卡罗尔在一次治疗中抱怨说，每次她的姐姐和姐夫吵架时，姐夫都会打电话给卡罗尔，让她"试着和她的姐姐（他的妻子）讲点道理"。卡罗尔也会照着姐夫说的做，打电话给姐姐，试图让她平静下来。但卡罗尔始终觉得自己在充当"裁判"。有一次，她向姐夫宣布，再也不想给他们当裁判了，并且请姐夫不要在吵架时给她打电话了。姐夫虽然不再让卡罗尔给她姐姐讲道理，却继续给她打电话抱怨。卡罗尔告诉他，她理解他的沮丧，但她既不想介入他们的争吵，也不想听到他对自己妻子的抱怨。她也曾经多次向他们推荐伴侣咨询，但都无济于事。当姐夫再一次打电话抱怨时，卡罗尔告诉他："我知道你很难过，但我没空和你讨论这个问题。"她前后三次明确了自己的边界，并且让姐夫看到了她的严肃态度。卡罗尔成功地从这个家庭三角关系中解脱出来。

我的另一位来访者柯克是一位 23 岁的大男孩。柯克接受治疗的原因也是由于他被父母拉进了不健康的三角关系中。父母常常让柯克将他们从困境中"解救"出来：有时对柯克进行"轮番轰炸"，有时则是两个人同时缠着他。柯克的父母快 50 岁了，母亲被诊断为躁郁症，目前正在服药；而他的父亲则把酗酒作为应对策略。关于这种让儿子拯救父母的模式，柯克也曾试图与父母沟通讨论，但父母会责骂他，说他是一个很差劲的儿子。而柯克也想通了一件事：努力与父母对话并不能维护自己的最大利益，因此他决定用实际行动来解决这个问题。

柯克允许自己停止拯救他们，也提醒自己要开始好好照顾自己。例如，他决定不再立即接听他们中任何一个人打来的电话。他会听电话留言，如果留言中没有要求柯克去拯救他们，柯克就会给他们回电话。如果他们需要帮忙，柯克会发短信说自己现在很忙，或者建议他们给其他人打电话。所以，如果妈妈打电话对柯克说："水龙头漏水了，你爸爸不修！"柯克要么不回，要么发短信说："叫水管工来。"

孩子成为养育者

孩子也会被父母拉进三角关系并被提升到父母的位置，成为家庭的养育者，因此这个孩子就变成了"父母化的孩子"（在我父亲住院期间，我曾做过家庭的临时养育者，这段经历我在第二章分享过）。

陷入这种角色的孩子很可能会变得焦虑和/或抑郁，并且缺乏安全感。这种情况经常出现在父母一方是药物滥用者的家庭中。而在单亲家庭中，孩子父母化的情况也很常见。在第二章中，我们讨论过父母权威等级制度的重要性,并举出了一些"孩子当父母"的例子。正如我在那一章中所说的,有时孩子会扮演父母的角色,这有助于家庭系统,但必须要确保孩子不会因此受到伤害。

作为家里的老大,我经常感觉父母把我放在了养育者的角色上。母亲希望我帮忙做家务,可那些家务远远超出了我当时的年龄。我记得在我 4 岁的时候,妹妹出生了。我可爱的妹妹刚从医院回来,手指甲、脚指甲都感染发炎了,而我和 2 岁的弟弟同时得了腮腺炎。疲惫的母亲会到卧室来照顾我和弟弟,可她刚走出我们的房间,就会立刻把所有的衣服都扔在地板上,洗个澡再进婴儿房去照顾妹妹,给她感染的地方涂药。

这样的情况持续了几个星期。当我们这些孩子都痊愈后,母亲却陷入了那个年代人们常说的"精神崩溃"状态。母亲当时只是心理状态出现了问题,并不是患上了达到诊断标准的精神疾病,但这对她本人以及我们这些孩子来说是非常可怕的。在巨大的压力下,母亲已经筋疲力尽,身体和心理的双重束缚让她无法再继续照顾家庭。虽然我对这段时间的记忆比较模糊,但这种情况似乎持续了好几个星期。

每天晚上,父亲哄弟弟和妹妹上床睡觉,我就在厨房忙着洗碗。矮小的我要站在小凳子上才够得到厨房的水池。这让年仅 4 岁的我感觉自己像个大孩子一样。

作为一个父母化的孩子,我的确会觉得自己很特别,但这种特别的感觉里潜藏着不安。和大多数父母化的孩子一样,我能意识到有些事情是不对的。这种感觉真的不好!

当一个孩子被拖进三角关系并且被分配了父母角色时,这个孩子可能就开始了自我牺牲。一个孩子或一个独立的人之所以会自我牺牲,是因为他为"做父母"而放弃了太多的自我(孩子所拥有的渴望、需求和梦想），并承担起不属于自己的责任。这对孩子的伤害非常大！当长期被困在父母的角色中时，孩子更容易自我牺牲。

在单亲家庭中，父母化的孩子并不少见。这些父母化的孩子往往是被家务劳动逼出来的。然而，有些完整家庭中也会出现父母化的孩子，他们也会整日为家务操劳。下面这个完整家庭就是一个典型的例子。这家里有四口人：母亲、父亲、女儿（较大的孩子）和儿子。母亲白天工作，父亲在当地一家工厂上夜班。父亲通常在母亲回家前的两三个小时出门上班，以至于从孩子们放学到晚饭前的这段时间里，父母都不在家。女儿既要辅导弟弟做作业，又要完成自己的作业，还被要求在这期间做晚饭，这样辛苦一天的妈妈一下班回家就能开饭了。晚饭后，女儿还要打扫厨房。这样的模式日复一日，已持续了好几年。

后来，女儿从护士学校一毕业就患上了严重的抑郁症，并开始接受治疗。随着工作的展开，我发现她从未被允许去承认和满足自己的欲望和需求，也没有机会这样做，这一点在治疗中表现得很明显。我并没有在这里责备谁，因为父母也不是有意让女儿身陷抑郁的。为了维持家庭的正常功能，他们需要女儿承担起父母的责任。然而，我的来访者却被角色困住了，以至于放弃了自我。治疗期间，她允许自己去觉察内心的感受、欲望、需求以及梦想。她开始练习自我照顾。通过这些努力，她的抑郁症状消失了。

如果家庭中的一个或多个孩子不得不扮演父母的角色，我希望这样的家庭能找到一种方式，让孩子懂得如何去做个自由的孩子。我遇到过很多家庭，他们都能做到这一点。这需要父母有意识并且有意愿把自由还给那些承担起父母责任的孩子。

上面的案例向我们描述了一个焦虑的孩子。由于她家庭的不得已，她为了维持家庭的正常功能，被父母化了。还有一些情况是父母为了减轻自己的焦虑、抑郁、安全感缺失或孤独等负面情绪，把孩子拉到父母的位置上。

这让我想起另一个家庭。一位母亲带着 13 岁的女儿来找我，女儿表现出抑郁的症状，还有自残倾向，老师也观察到女儿经常用铅笔戳自己的胳膊。女儿说，母亲把她当作知己，总是和她谈论自己约会的男人（还谈到和这些约会对象的性关系），向她征求意见；这些事情真的让她心烦意乱。这位母亲没有和女儿建立健康的界限，而是把孩子放在了父母的位置上，变成了反哺母亲的孩子。这种情况必须停止。幸运的是，这位母亲愿意倾听女儿的心声。如果她不在乎女儿，她也不会带着女儿来做心理治疗，这一点在我这名治疗师面前表现得很明显。我帮助她们在母女之间建立了明确的界限，然后推荐这位母亲单独进行心理治疗。很显然，她非常需要，因为她非常想找人倾诉。

孩子成为关注焦点

有些孩子是家庭的关注焦点，他们或许以这种方式被拉进三角关系。一旦处于这样的角色中，孩子会通过行动化和制造麻烦来缓和父母之间的紧张关系，或者分散父母的注意力，以减缓父母内心的精神压力或情感压力。这样，父母就可以把注意力放在孩子身上，而不是自己、彼此或伴侣关系上。有些父母可能不会只让一个孩子来扮演这个角色，他们会轮流将家里的孩子们牵扯进三角关系，孩子们在成为关注焦点的同时，也可能扮演着其他被三角化的角色。

成为关注焦点的孩子可能会充当另一个不幸的家庭角色——家中的病患。这个角色也是为了帮助父母中的一方或者双方缓解焦虑，让父母转移关系压力和心理压力。孩子可能会在身体上、情感上甚至精神上生病。我们需要注意的是，父母和孩子都无法意识到这一点，因为它发生在无意识层面，而不是意识层面。父母不会故意让孩子生病，孩子也不是有意识去选择生病。

"学校恐惧症"就是一个典型例子。克拉克先生带着儿子汤米来到我的咨询室，因为 8 岁的小汤米拒绝上学。汤米被诊断为学校恐惧症，害怕去学校。克拉克先生每天早上都想送汤米上学，可汤米总是在这个时候尖叫哭泣。他还会踢他的父亲，然后倒在地板上号啕大哭。克拉克先生曾试着将汤米塞进车里，再开车载他去学校。然而，汤米依旧不停地大喊大叫。有几次，在校长和老师的支持和引导下，汤米才同意爸爸将他留在学校。可学校会在几小时后打电话通知克拉克先生：汤米非常伤心，还扰乱了课堂秩序。克拉克先生不得不接汤米回家。

在搜集家族史的过程中，我得知汤米的母亲早已经从家里搬走了，并且和婚外情男友住在一起。汤米是在母亲走后不久开始惧怕上学的，克拉克先生也从那时开始在家办公。

我和克拉克先生安排了一次单独访谈。他告诉我，他患有严重的抑郁症，甚至想过自杀。我建议他找我做几次一对一访谈，汤米无须在场。因为我怀疑汤米患上学校恐惧症的原因是他可能感受到了父亲的痛苦，觉得自己需要待在家里"照顾爸爸"。我指导克拉克先生如何让儿子放心，也指导他如何让儿子感受到父亲正在变得越来越好。

我帮克拉克先生处理了婚姻带给他的悲伤。他决定继续和我单独咨询，并定期带着汤米一起来找我做家庭治疗。我还帮助克拉克先生学习如何养育儿子，因为父母离婚及母亲搬走同样让汤米感到悲伤。随着克拉克先生的状态逐渐好转，汤米也开始上学。起初，他每周去学校两三天，但很快就恢复了正常。

依照汤米的情况来看，学校恐惧症的诊断非常准确。关键是哪种治疗手段才是解决这个问题的最优方法。在治疗方案的选择上，我们既可以让汤米单独进行儿童心理咨询，也可以让克拉克先生和汤米一起做家庭治疗，这两种治疗手段都可以解决家庭系统中存在的问题。我把汤米的问题解读为家庭系统压力导致的症状。问题并不在汤米身上，而是家庭系统出了问题。

像克拉克先生这样的案例并不少见。虽然我们可以将孩子或个人身上出现的问题归因到家庭系统，但我们必须要承认，有些孩子在身体上、情绪上或精神上患有疾病，这些疾病并不是由家庭关系导致的。

因此，我在这里强调一下人际关系对临床症状的影响，否则表达就不够全面。对于生病的人来说，人际关系的影响既有消极的，也有积极的。人际关系可能是治疗的阻碍，也可以是治愈的良药，还可以成为家中患病成员在治疗时的巨大资源。作为一名家庭治疗师，我在几十年前就领悟到这件事。许多治疗师，乃至普通人也都凭直觉和观察发现这个观点的正确性。现在，我们对此有了科学的证明。

我一直很欣赏精神病学家丹尼尔·西格尔的著作，并为之着迷。他的研究证实了重要关系的质量对一个人的健康和幸福的深远影响[2]。

在过去的几十年里，神经科学领域的信息让我们能够深入研究思想、身体和关系之间的联系，也让我们能够在这些重要研究的基础上创造出越来越多的治疗方案，并且在生物/化学、精神和情感健康等各个方面去探索这些方案的可行性。

◐ 与大家庭的三角关系

与一些夫妻来访者一起工作时，我会发现他们关系紧张的根源往往是与大家庭的关系三角化，而其中最常见的莫过于姻亲三角关系，这也是影视作品和书籍最喜欢的主题之一。我将在第六章对姻亲三角进行更详细的介绍，也会围绕家庭忠诚和遗产问题展开讨论。

与夫妻来访者一起处理姻亲问题时，首要目标是帮助这对夫妇建立安全、信任的纽带，这样他们就可以安全地把彼此作为主要的亲缘关系，而不是各自的父母。夫妻双方都有希望以皆大欢喜的方式做到这一点，不必担心会伤害他们与双方父母之间的关系。

◯ "三角缠"关系

在一个家庭系统中，可能会有多个三角关系同时存在。这些三角关系中有许多是相互关联的。这就意味着三角关系中的一个或多个人也同时存在于其他的三角关系中。下面是一个关于三角缠关系的例子：

玛丽是一位步入不惑之年的修女，她虔诚地信仰天主教。在寡居的母亲面前，玛丽是个孝顺的女儿，对于妹妹莎拉来说，玛丽是亲密无间的姐妹；对于莎拉15岁的女儿霍莉来说，玛丽是可爱的阿姨。

而妹妹莎拉和她们的母亲（也就是霍莉的外婆）把吵架当成家常便饭，几乎在每件事上都要争执，尤其是在莎拉对霍莉的养育方式上。每个人都想将玛丽拉进自己的战线，就连外甥女霍莉也想拉拢玛丽，因为她也经常与母亲莎拉和外婆吵成一锅粥，她想让玛丽阿姨来帮她一起对付母亲和外婆。尽管玛丽是修女，但霍莉认为玛丽比自己的母亲或外婆更加开明。

我们一起来看看玛丽家里的这些三角关系。

玛丽可能很享受这些三角关系。因为这些关系可能会让她觉得自己很重要，也让她感觉自己与家人们紧密相连。她可能会认为自己给亲人带来了重要的影响，让她有一种归属感和权力感。如果是这样的话，身处三角关系之中并不会让她受到伤害。然而，如果玛丽或其他家庭成员对这种"三角缠"关系结盟的消极感受超出了积极感受，可能就会出现问题。

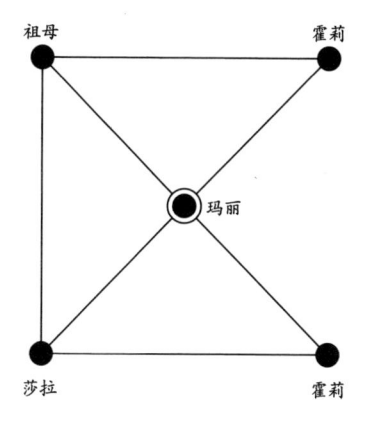

图 5.2 代际间的三角缠关系

每个家庭都有一系列相互关联的三角关系。这些三角关系可能会一直保持不变，也可能会随着时间的推移而发生形式上的改变。但是，和所有三角关系一样，它们的存在某种程度上是一种稳定家庭系统的方式。

◊ 家庭外部的三角化

在上文的讨论中，我一直聚焦于三角关系，即两人关系会选择让第三个人加入，进而形成三角关系，目的是缓解两人关系中至少一名成员的焦虑，但是他们通常不会有意识地觉察这种做法的目的所在——将第三个人拉进三角关系是为了缓解自己的焦虑。在多数时间里，孩子很容易被两人关系的其中一人甚至两个人拉入三角关系。制造三角关系的人可以是父母、兄弟姐妹、朋友或恋爱对象。而两人关系也可能将工作、爱好、宗教或宠物等进行三角化，以缓解自己或双方心中的焦虑。还有一个经常被三角化的对象，就是这个年代人人都在使用的电子设备，尤其是手机。

在接待夫妻来访者时，我最常听到的抱怨之一就是对方太忙了，要么整天找不到人，要么没有时间沟通感情。他们口中的太忙，通常指的是另一个人醉心于工作，痴迷打高尔夫球，把所有的时间都花在帮助朋友、照顾孩子、在院子里干活或玩手机上。我把这种"太忙"理解为：一个人正在试图避免冲突或回避亲密，或两者兼而有之（我相信没有冲突就不可能有真正的亲密）。如果将直系亲属之外或大家庭之外的某件事或某个人三角化，目的同样是试图减轻两人关系中的焦虑。

三角化在整个家庭生命周期和几代人之间反复发生，普遍存在。将第三方人或事物牵扯进三角关系，可能是在为当下的问题寻找简单的解决方式，也可能是一个家庭中的常态。它对家庭成员产生的影响可能微乎其微，也有可能是毁灭性的。

当三角关系变得僵化时，一个人可能数年甚至数十年被"锁"在这种三人组的关系体验之中，这种情况可能会带来破坏性的影响。而出生顺序、手足位置［个体如何看待自身在手足中的位置排序］和性别往往决定了哪个（或哪几个）孩子会被拉进父母的配偶子系统中。

◊ 出生顺序

在研究生院学习阿德勒心理学时，我对阿德勒的出生顺序理论很感兴趣。然而，我发现这些出生顺序所代表的特质总有例外，我也经常会遇到这种"例外"。正因如此，我才决定把这些"例外"总结一下，因为它们看起来还挺有道理的，并且出生顺序和手足位置往往是考察家庭系统时的重要参照物，所以我们也要关注这些"例外"。

早在家庭系统理论诞生之前，与西格蒙德·弗洛伊德（Sigmund Freud）同时代的阿尔弗雷德·阿德勒（Alfred Adler）就提出了人格理论，聚焦于如何根据家庭中的出生顺序来理解一个人。

美国德裔心理学家海因茨·安斯巴彻（Heinz Ansbacher）和他的妻子罗威纳·安斯巴彻（Rowena Ansbacher）对阿德勒心理学中的出生顺序理论进行了如下论述：

阿德勒认为，最大的孩子往往更加需要肯定和认可。他也对此给出了解释：一旦家里有另一个孩子出生，第一个孩子就无法再拥有父母的全部关注，因此他会努力把父母的注意力夺回来，并终生将这种努力当作对自己的补偿。第一个出生的孩子通常很善于和成年人相处，而他们中的很多人都能拥有丰盛且有成就的一生。家人可能会期望他成为榜样，并赋予他照顾弟弟妹妹的责任。

阿德勒用更有竞争力、更叛逆来形容第二个孩子。排行中间的孩子有时会努力为自己争取在家庭中的位置。为了实现这一目标，他们渴望得到父母的表扬，可能在音乐或体育方面表现出色。他们可能比家中最年长或最年幼的孩子更容易适应变化，更加擅长社交。

在阿德勒的理论中，最小的孩子可能是家里最喜欢依赖别人的小孩，同时他们也是家里最不懂得为别人着想的小孩。最小的孩子也许可以在家中自由自在地玩耍；他们很喜欢给别人带来欢乐，并且也很享受成为关注焦点的感觉。最小的孩子在与他人相处时经常表现出自信和轻松；并且他们普遍因擅长经营人际关系而取得成功。

阿德勒认为，独生子女往往具有长子或最小子女的特征。由于独生子女不需要和兄弟姐妹分享父母的关注，他们可能不太懂得与他人分享，或者难以接受被他人拒绝。

阿德勒在对比独生子女及其同龄人后发现，独生子女往往更成熟，在成年人身边感觉更舒适，在智力和创造性方面表现更为优秀[3]。

出生顺序对一个人的影响并不是一成不变的。虽然出生顺序会对我们在家庭中的经历起到关键作用，但性别、社会阶层、年龄差异（随着心理年龄增长在功能上出现的差异）和气质类型等因素也会发挥作用，影响着我们在家庭中的经历。所有的出生顺序都各有各的优缺点，了解这些优缺点，并激活自己的潜在选择能力，就可以帮助我们超越手足位置的禁锢，用自己喜欢的姿态去面对人生。越是能将自己的想法和感受与家人的分开，就越有可能做出合适的选择。

当一个孩子和他的同性父母处于相同的手足位置时，家中可能会因此发生三角化，因为同性父母会过度认同这个孩子。比如，一位母亲在自己的兄弟姐妹中排名最末，她一直觉得家里最小的孩子是最脆弱的。当她认为她的小女儿被其他兄弟姐妹欺负时，她可能会给小女儿撑腰。当她认为她的丈夫对小女儿过于挑剔或实施惩罚时，她可能会试图袒护小女儿。她可能还会和小女儿过度亲近，并经常利用这个孩子来和丈夫保持距离。

乔治和苏带着他们最小的女儿贝丝走进我的工作室。贝丝在学校的女厕所里抽烟被老师抓到了，学校要求她暂时停学。乔治解释说，贝丝太不守规矩了，他最近几个月一直对她很生气。他说他对苏也很生气，因为苏不仅不支持他，还就如何处理贝丝的"坏"行为和他争吵。我注意到，乔治带着愤怒和我谈论这个问题时，贝丝和苏都在对他翻白眼。

我了解到，苏是家中最小的女儿，她的父亲是个性情暴躁的酒鬼。而乔治和苏的第二个孩子，家里唯一的男孩，三个月前离开家去上大学了。乔治说他想念儿子，儿子一离开家，他就成了家里仅有的男性，他对此感到很沮丧。我很快就发现，乔治和苏之间产生了距离，他们在利用孩子来填补距离造成的空虚，因为他们似乎都害怕亲密。苏在与小女儿贝丝过于紧密的关系中满足了她对亲密的需求。苏发现，乔治在儿子离家后试图接近她，但这似乎对她造成了威胁。因此，苏试图拉近自己与贝丝之间的距离，却遭到了贝丝的反抗。贝丝的出格行为是她在努力成长，也是在努力尝试与家庭分离。而苏却始终和女儿寸步不离，试图与贝丝继续维持过于紧密的关系，从而避免与乔治亲密接触。

这又是一个需要接受夫妻治疗的家庭。通常情况下，孩子会"带着"父母来接受治疗！

正如我们在前文提到的，三角关系越僵化，对人的破坏性就越大。僵化的三角关系通常是那些维持多年又无法改变的三角关系。它们有时被称为家中的中心三角关系或主导三角关系。在家庭系统中，主导三角关系通常会占据上风，并且还会弱化其他三角关系。主导三角关系有时还会来自不同辈分的人，它甚至还可能在几代人之间重复出现。

我们经常会在主导三角关系中发现父母化的孩子、有问题的孩子或被当作替罪羊的孩子。这些角色可能会从一个孩子传递给另一个孩子。

当我在咨询实践中第一次意识到这个现象时，我简直震惊了，这种感觉让我至今记忆犹新。每当回想起这种感觉，我都会想起一个家庭，我称他们为泰勒一家。

泰勒夫妇带着他们的孩子——凯文（17岁）、蒂姆（14岁）和比利（9岁）不情愿地走进我的咨询室。

我之所以说这一家子"不情愿"，是因为他们起初只让我和凯文单独见面。泰勒夫妇解释说，凯文才是"问题所在"。他们发现凯文经常和一群朋友逃学，并且还在他的书包里翻出了大麻。于是，他们想让我"治好"凯文。

泰勒夫妇在咨询室里说的全都是对凯文谴责的话，在他们喋喋不休地数落了凯文几分钟后，我让他们停下了。随后，我向全家人（第一次访谈时，我要求所有成员都在场）提出了我对每个家庭都会提出的问题："如果你能以某种方式改变你的家庭，让它变成你想要的样子，你想从哪些方面让家庭做出改变？"

我决定从最小的孩子比利开始。

比利："我想要一只狗……（详细说明为什么想要小狗）。我希望爸爸能经常在家，这样我们就可以打球了。"

蒂姆："我希望不用来这里。（大笑）我想和朋友们一起逛商场。（停顿）我希望爸爸妈妈不要再吵架了。"

（全家都沉默）

凯文：（从消沉的状态中走出来，把棒球帽往头顶推，露出被帽檐遮住眼睛）"我想要更多的自由。我希望妈妈不要再唠叨我，爸爸不要再管我了。学校很无聊，每个人都抽大麻。我不明白这有什么大不了的。另外，爸爸，你有什么资格说我？你每天晚上都和你那些狐朋狗友出去喝酒。"

很明显，这个家目前所面临的"问题"不仅仅是凯文的问题行为，还有一个或多个家庭成员的婚姻问题和药物滥用问题。我专门安排了一次家长访谈，在孩子们不在场的情况下单独和泰勒夫妇见面。我建议他们做夫妻治疗，但夫妻俩都不接受这个提议，并坚持认为他们是为了儿子凯文才加入治疗的。因此,我只能为他们做家庭治疗,并将切入点转移到对凯文的养育上,和泰勒夫妇一起围绕这一切入点展开工作,指导这对父母在家中设定限制、明确界限和执行后果等。当情况开始好转时,他们就不再来接受治疗了。

一年后,泰勒一家又回来了。他们报告说凯文"好不容易"高中毕业了,现在在附近的一所专科学校上学,并和一个朋友合租一处公寓,课余时间还在做兼职工作。现在,蒂姆成了家中的"问题所在"。蒂姆破坏公共财务被抓住,判了缓刑。由于蒂姆在家里表现出暴力倾向,经常乱扔东西,前几天还用拳头打穿了厨房的墙,因此这家人不得不再次回到咨询室。

我邀请蒂姆把这件事详细地讲给我听,这时我才注意到他看起来非常沮丧。蒂姆说:"我们那时刚吃完晚饭。妈妈很沮丧,因为爸爸又没回家吃晚饭。我埋怨爸爸,说他只爱喝酒,根本不爱我们。妈妈听后就像疯了一样朝着我大喊,说都是因为我,爸爸才不想待在家里,我让他很失望。妈妈还说,我被判缓刑是爸爸这辈子遇到的最糟糕的事。我失控了,对妈妈大喊大叫。就在这时,爸爸回家了,他也开始对我大喊大叫。我真想揍他一拳,但我最后把拳头打在了墙上,然后走了出去。"

当蒂姆讲述他的故事时,我注意到比利在边上悄悄流眼泪。这一次,我不能再让他们的父母回避治疗,因为他们在不知不觉中让儿子们一个接一个地出现状况,为父母的婚姻问题和父亲的酗酒问题买单。

于是,我使用了经典家庭治疗中的重构技术。这种治疗干预方法用不同的语言、站在更积极的角度描述症状或行为,给行为和症状赋予新的含义,并以此来改变家庭的认知。在治疗中,家庭会把自身的问题呈现在治疗师面前。例如,泰勒夫妇认为"凯文有问题或凯文就是问题所在"。家庭治疗师可以将这个描述"凯文有问题或凯文就是问题所在"重新定义为"家庭系统正在处理一些紧张和压力,而凯文成了家中'症状承担者',目的是呈现和表达这种紧张和压力"。当凯文的父母第一次来做治疗时,他们并不接受这种重构,因为他们当时认定了凯文就是"问题所在"。然而,当他们带着第二个儿子蒂姆走进咨询室时,他们才愿意接受事实,并考虑治疗师对家庭问题的重构:问题不仅出在孩子身上,还出在夫妻二人的婚姻关系上。

我同意与泰勒一家继续工作,但我坚持让这对夫妇去我同事那里做夫妻治疗。他们同意了。

如果泰勒夫妇作为父母不去接受治疗,小儿子比利不出意外就是下一个替罪羊。由于全家在治疗过程中都非常努力,因此比利没有被拉入三角关系成为下一个替罪羊。

十个月后,他们结束了家庭治疗。我很希望泰勒夫妇能够成功地完成夫妻治疗,并且泰勒先生的酗酒问题也能够得到改善。如果事情没有朝着这个方向发展,那么小儿子比利可能已经成了下一个被父母指定的孩子(与他的母亲结盟,成为她的知己)。家庭通常不会将这件事当作问题,因此也不会寻求治疗。

正如我们在上文中提到的,三角关系是不可避免的。它们可能是暂时的,具有一定的功能,但不会造成伤害;也可能是僵化的、长期的,会对系统中的一个或多个成员造成伤害。

识别三角关系并观察它们的功能,让我们有能力身处其中,也有能力脱离。如果你是一名家长,你正在将一个孩子牵扯进三角关系,尽管你需要这么做来缓解自身的压力和痛苦,但我仍然强烈建议你去探索一下其他应对方式。

家庭中的三角关系

1. 你能识别出家里的三角关系吗？如果可以，请把它们画出来。你过去/现在在三角关系里处于什么位置？这些三角关系出现在你生命中的哪个阶段？你对被三角化有什么感受？

2. 如果这些三角关系出现在从前，你当时是如何摆脱的？如果这些关系出现在现在，你依旧想摆脱这些关系吗？如果答案是肯定的，想象一下你应该怎么做才能摆脱它们。

3. 如果你没有被三角化，但发现其他人正处于三角关系中，你会有什么感受？

4. 如果你已经为人父母，请列举一次你或伴侣让孩子陷入三角关系的经历。（每个父母都会在某个时间点这样做。）你理解这对于你或伴侣来说有什么意义吗？你或伴侣是否会让孩子（孩子们）从三角关系中"解放"出来？

5. 在你父亲和母亲的原生家庭中，你能识别出哪些三角关系？

6. 你能识别出重复出现在家里几代人中的三角关系吗？

家庭之外的三角化

在你的原生家庭或现在的家庭中,你能识别出那些卷入了家庭之外的人或事物的三角关系吗?如果有,这样的三角关系是如何缓解一个或多个家庭成员内心的焦虑的?

[注意:如果家里有人与异性的关系比较复杂,那么这个人的行为动机可能远远超出缓解焦虑的愿望。这不是本书要讨论的内容。如果你遇到这方面的困惑,我建议你去阅读弗兰克·皮特曼(Frank Pittman)的作品。]

第六章

亏欠

一个人从原生家庭继承的遗产、无意识的忠诚，有时会阻碍他成为一个独立的成年人，甚至影响他的婚姻和子女。所以，我们每个人都有一个"账本"，记录着自己与父母之间、与手足之间的权利和债务，账目越平衡，我们就越能自由、充实地生活，也越容易与他人建立健康的亲密关系。

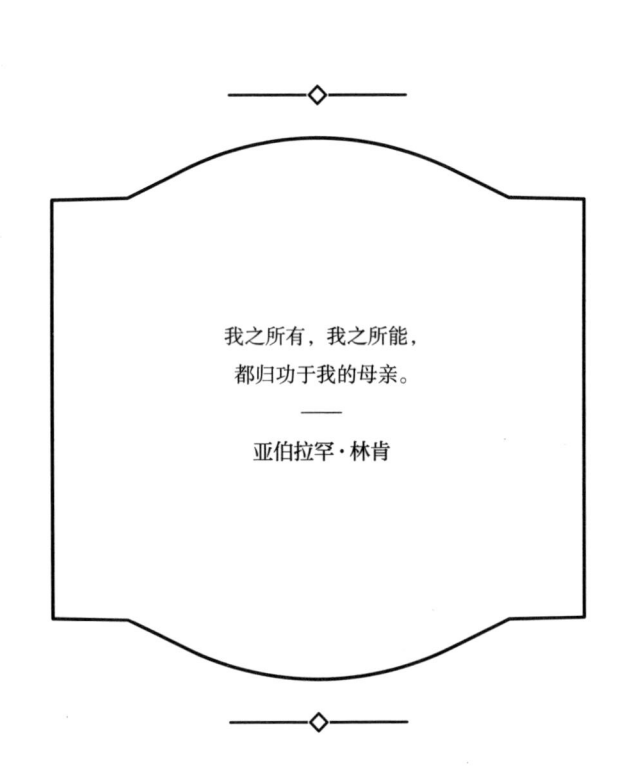

我之所有，我之所能，
都归功于我的母亲。

——

亚伯拉罕·林肯

早期家庭系统理论研究者伊凡·博斯佐门尼-纳吉[①]曾经提出这样的假设：家庭在其成员中间创造了义务、期望、债务，应得的权利和应尽的责任。他认为每个家庭都有一本人际关系账，里面记录了家庭成员之间的亏欠，这本账可能还会在家庭中一代代传下去。家庭账本由需求、无形的忠诚，以及有意识和无意识的债务亏欠组成（可能和金钱有关，也可能和金钱无关），但也包括家庭成员们在关系中认为自己应得的以及被要求给与他人的。

家庭账本的第一个重要组成部分是遗产。孩子出生时就会从他的家族获得遗产，遗产常常暗示着"命运"，它预先设定了一个人在世界上的人生轨迹。

家庭账本中另一个重要组成部分是忠诚。每个人都会通过长久且有力量的情感依恋、身体依恋和社会依恋与家庭联系在一起。一个人对家庭的忠诚不仅取决于已知的东西，也取决于那些无法意识到的东西。[1]

[①] 博斯佐门尼-纳吉（Ivan Boszormenyi-Nagy）匈牙利人，1948 年移民美国，精神病学家，1957 年在费城的东宾夕法尼亚精神病学研究所（EPPI）建立了家庭精神病学部。——译者注

○ 忠诚

忠诚可能会动摇，但它确实存在，它常常存在于人的意识之外。家庭成员之间彼此忠诚，这份忠诚受家庭所处的文化影响。家庭会对其成员的思想忠诚和行为忠诚提出要求，而文化和宗教教义会影响这些要求。

忠诚问题和遗产问题都是代际问题。它们会从上一代人传给下一代人，可能还会一代代继续传承下去。家规的功能之一，就是规定其成员如何忠诚。这些针对忠诚的公开规则有时会给家庭成员们带来问题。

公开的家庭规则可能会引发问题的典型例子就是意大利裔美国黑手党：一个出生在美国的意大利黑手党家庭的男性，可能极度想逃离家族施加给他的规则和期望——有些甚至在他出生前就已经强加于他。每当讨论家庭忠诚和遗产时，意大利裔美国黑手党家庭是最常被提起的例子。电影或书籍早已让人们详细了解了黑手党，意大利裔美国黑手党被描绘成"要求成员绝对忠诚"的组织。

虽然黑手党家族的成员并非都是血亲，但仍然有一部分成员是因为血缘关系才被拉进这个组织的。正如我们在《教父》等电影中看到的那样，有些成员之间是父子关系或叔侄关系。他们身上背负着家族的期望，他们需要继承遗产，忠于家族。可一旦这些男性决定脱离父辈去走另一条路时，就会受到家庭成员的严厉指责或评判；他们可能还会被家庭驱逐，甚至被谋杀。

虽然这个例子有些极端，但很贴切，它让我们理解了这样一件事：在忠诚和遗产方面，家庭对每个成员都抱有期望，这些期望拥有强大的力量，可能会引出很深刻的问题。虽说每个人都需要个性和独立，但身上背负着家庭的期望会让我们不得不在自己和家庭之间努力平衡。

我在治疗中经常遇到这样的情况：当一个人渴望打破"传统"时，忠诚和遗产问题就会像拦路虎一样跳出来。举个例子，一个信仰天主教或犹太教的人想要与信仰其他宗教的人结婚，但按照天主教或犹太教家庭规定，家庭成员只能与相同宗教信仰的人通婚。在过去的十年里，越来越多的来访者都因为人际关系遇到困难而来找我咨询，他们中的很多人面对的关系困境都是由美国和世界上普遍存在的社会问题和政治问题导致的。在这样的大环境下，每个人都有属于自己的观念和想法，大多数关系困境都是因为家庭成员之间观念不同。对于很多家庭来说，这些斗争是在挑战家族几代人一直恪守的忠诚和遗产观念。

◊ 遗产

每个家庭都拥有属于自己的规则、价值观和信念。我们从出生之日起，就会被这些规则、价值观和信念影响。有些家庭高度重视独立和自主，在这种家庭长大的孩子，更有可能决定自己想要坚持哪些家庭规则、价值观和信仰，也更有可能决定自己不再接受和遵守哪些规则、价值观和信仰。如果家庭系统中倡导"自由表达不同意见"的理念，那么就会降低关系破裂的可能性。

有些家庭要求全体成员都要拥护相同规则、价值观和信念。在这样的家庭中，当家庭成员在信念上和行动上选择不再遵循家庭固有的方式时，那么家庭就可能与他断绝关系。在我接触过的相关案例中，宗教、政治观点、种族、性取向和性别认同等问题上的偏见是导致关系破裂的最常见因素。每当听到有人因为自己的宗教信仰和身份认同被家人抛弃时，我总是非常伤心。

与性别有关的家族遗产并不少见。比如，女性应当成为教师或护士，女性不适合运动；男性要当工程师，男性要坚强、男性不能情感外露……这样的例子数不胜数，有些听起来可能比二十世纪五六十年代的老套观念还要荒谬。可无论如何，性别遗产在我们生活的时代仍然存在。就在最近，我和一位35岁的单身白人女性一起开展治疗工作，她家的传统是女性一定要结婚生子，而男性却不需要结婚和传宗接代，但家族中的男性一定要收入颇丰才算成功。来访者的家人一直认为她让家人十分失望，是个"失败者"。尽管她已经是一家大公司的首席执行官，但她的家人并不认可她的成功，因为她没有结婚生子。

自杀的毁灭性遗产

最令人悲伤的遗产莫过于家人自杀。肯德勒（Kendler）等人研究了20世纪90年代多起家庭成员重复自杀的案例，得出结论：在经历过自杀死亡的家庭中，其他家庭成员企图自杀的风险会显著增加[2]。

为什么在发生过自杀事件的家庭中自杀的风险会更大？关于这个问题有许多假设。

首先，自杀倾向不会遗传，但是精神疾病会遗传。如果一个家庭中的自杀事件与临床抑郁症状有关，那么在遗传因素影响下，其他家庭成员可能也是抑郁症易感人群。对于患有抑郁症的个体来说，寻求帮助是很重要的；推荐的治疗方案是药物治疗辅助谈话治疗。

另一种假设是，一旦家庭中有人完成了自杀，那么其他家庭成员在情绪低落或者在某件事情上挣扎时，自杀就会成为一种"选择"。

此外，决定自杀的原因有可能是在试图调节混乱，或减轻失去家人的痛苦。活着的人心中会有愧疚感，这种情况并不少见。有些家庭成员甚至认为死去的人应该是他，所以他想要自杀。导致自杀行为的原因不仅仅是丧失信心和失去希望所带来的绝望感，还有想要减轻罪恶感或羞耻感的想法。对于经历过自杀死亡的家庭来说，家人们不仅要在情感上相互陪伴，还要积极寻求帮助和支持。

◌ 悲伤的遗产

大多数家庭都有自己特定的哀悼方式，而家庭成员也需要遵循这些方式，尤其是在家庭成员去世的时候。在有些家庭中，哀悼的过程深深扎根于他们的宗教传统。比如，犹太家庭有七日丧期的习俗。逝者在埋葬之日起到第七日日落是居丧期，沉浸于丧亲之痛的家人利用这七天来正式哀悼他们所爱的人，他们会挨坐在地板上，象征着悲伤被"降低了"。在这七天里，朋友们通常会去死者家里吊唁，还会带去食物祭奠逝者。而在许多信仰天主教的爱尔兰家庭里，人们可能会举行守灵仪式。守灵仪式通常在逝者家中举行，家人和亲友都会出席。在葬礼之后，亲朋好友会畅饮聚餐，共同缅怀逝者。与传统的爱尔兰葬礼不同，现在的仪式中，主教可能会出席，也可能不会出席。"守灵"一词来源于一个古老的习俗：家人和朋友整夜守在逝者的遗体旁。依照从前的习俗，守灵仪式在正式的葬礼前举行。而在现代，守灵仪式可能会安排在葬礼之后，更像缅怀逝者的追悼会。

在这些传统的约束和影响下，家庭和社群会互相支持，一起"走完"哀伤的过程。然而，在有些家庭中，对已逝家人的哀悼过程却并非如此，家庭成员之间无法做到相互理解支持，这样的哀悼过程可能会让有些成员感到更加悲伤，难以恢复。

我的家庭就属于后者，这让我一度感到失望和沮丧。我在年幼时就有了这样一种想法：当很爱的家人离世时，过多表达内心中的深切悲痛是不妥的。7岁那年，我第一次遭遇亲人离世：我的爷爷去世了。我记得当时我和父母、叔叔姑妈、哥哥、妹妹、堂兄妹、表兄妹在一起，奶奶波巴在隔壁房间。当大人们告诉我们这些孩子爷爷过世的消息时，我开始小声抽泣。可没过多久，我就忍不住放声大哭，眼泪噼里啪啦往下掉。比我年长四岁的堂姐用非常苛刻的声音对我说："别哭了！你这样哭会让波巴更难过！"就在这时，波巴走进了房间。我立刻强忍住眼泪，不敢再发出任何声音。几分钟后，我的鼻子开始流血。在接下来的三天里，我的鼻血根本止不住，以至于连爷爷的葬礼都无法参加。小小年纪的我得到了这样的信息：不能将哀伤表露在外。这个信息听起来"义正辞严"，让我不得不接受。（这段经历让我开始重视情绪和身体健康之间的强大联系。）

奶奶波巴九十多岁去世，我们全家为她举行了一场规模很小的葬礼。

对许多人来说，在家人离世时与亲友一起悼念和告别是非常重要的。死亡是人生的必经之旅，能与家人一起找到合适的方式并心怀敬畏地与逝者作别，可以让自己的心灵得到支持，也能圆满地完成告别。当然，即便共同哀悼的经历结束，失去至亲至爱的哀伤可能依旧不会停止。一个人的哀伤延续程度取决于他和逝者的关系。

哀伤的过程

我常常告诉来访者，哀伤是一个过程。美国心理学家伊丽莎白·库伯勒-罗丝（Elizabeth Kübler-Ross）在她的著作《论死亡与临终》(On Death and Dying)一书中，与活在这个世界上的人们分享了"哀伤的五个阶段"。她将研究聚焦于那些临终的病人，通过观察总结出哀伤的过程。这个过程包括五个阶段，分别为：否认、愤怒、讨价还价、沮丧和接受。

这五个阶段是临终之人与他们身边的人共同经历的。库伯勒-罗丝认为这些阶段并不是一个线性过程：它们不是按顺序排列的，经历哀伤的人可能会在其中的某两个阶段之间来回反复[3]。

可惜的是，哀伤过程的五个阶段已经被当作一种固定的模式，许多人认为这是体验哀伤过程的"正确方式"。

不！不！不！哀伤是一个独特的过程。每个人经历哀伤的情况/过程都是都不一样的。

除了那些突然的、毁灭性的丧失，我们经常会在遭受丧失后继续生活，并且在旁人看来，我们一切照旧。我们可以坚持完成那些想要做的，以及必须要做的事情，比如工作或养育孩子。人类从诞生之日起就不断地经历丧失。坚韧不拔是我们与生俱来的优秀品质，这项品质支撑着我们去面对丧失，哪怕是毁灭性的丧失。

虽说如此，但我发现哀伤好像是一种怪异的存在，这一点经常让我感到惊讶。对我来说，我可以不去纠结既成事实的丧失，继续保持正常的生活状态，若无其事地将自己展现在别人面前。可哀伤会在某个时刻不请自来，说不清它会从哪里冒出来。它可能会出现在丧失发生后的一周、一个月、一年，甚至十年之后。一旦有事情触发哀伤，我的整个人就会在几分钟甚至几秒钟内被哀伤吞没。

当一个人被哀伤笼罩时，这种悲伤的体验似乎一直存在，但每个人表达悲伤的方式都不同。尽管悲伤是人之常情，但我会把抑郁视为"将人困住的悲伤"。事实上，每当来访者告诉我他们抑郁了，我的第一反应是"他们不允许自己去体验的悲伤是什么"？

随着时间的推移，悲伤的强度通常会逐渐减弱，却很难彻底消失。同样，对我们大多数人来说，在刚刚经历丧失时，我们可能会反复陷入悲伤。但我们仍然可以继续从事每天的日常活动，甚至还可能和从前一样，平静地过完一天又一天。然而，悲伤会在某一时刻突然造访，瞬间将人淹没。我通常这样为来访者描述他们的状态："在失去亲人后的这十年里，你的生活或许依旧和从前一样。可有一天，你的心中突然充满了哀伤，这股哀伤不知来自何处，却像海啸一样席卷而来，把你拉进一种激烈情绪之中体会巨大的丧失感。"

比如，我亲爱的奶奶波巴从前常常在耶稣受难日那天亲手烘焙十字面包。我总是迫不及待地冲进她的家门，闻着烤炉里散发出来的烤面包的香味。面包刚出炉，奶奶就会让我用刷子蘸糖浆在面包上画十字。对于我来说，那是一段甜蜜的回忆。可自从离开家上大学后，我再也没有闻到过刚出炉的十字面包的甜香，再也没有吃过奶奶亲手烤的十字面包。

在奶奶去世后的第八年，我开车经过办公室附近的一家面包店。这家面包店在耶稣受难日打出了十字面包的广告。于是我决定买一些带回家，这样儿子们就可以尝尝新鲜出炉的十字面包了。插一句嘴，我那年已经四十出头了。面包店里的顾客络绎不绝，在闻到烤得滚烫的十字面包的香味时，我竟然意外地抽泣，根本停不下来。我呆呆地站在那里不知道该如何是好，只能离开面包店，回到车里坐着。那一刻，哀伤的海啸把我吞没了，我特别想念奶奶。大约十分钟后，我的哀伤不再那么强烈。虽然哭红的眼睛让我有些难为情，但我还是振作起来，回到店里买面包。

我经常把这个故事讲给来访者听，和他们分享哀伤海啸给我带来的真实感受。我这样做是为了澄清一个事实：当你遭受巨大的丧失时，重要的是如何继续生活；当哀伤被意外触发，你可以让自己充分体验哀伤，即便那场丧失早已过去很多年。

◊ 与钱何干

"遗产"这个词常常让人联想到社会地位、金钱等可以代代相传的东西。这个问题在家庭成员之间属于敏感话题，搞不好就像捅了马蜂窝一样。每当谈到谁继承了多少金钱和财物时，家庭成员们就会在债务和债权问题上产生分歧，感到痛苦，甚至导致关系不和睦。一个家庭如何处理继承问题，决定了家庭成员之间的远近亲疏，有些家庭成员甚至会在关系疏远后永远不再联系。

在大家庭中，金钱问题远不止分配和继承这么简单。当某位家庭成员出现经济困难时，谁来资助他？家庭关系会受到怎样的影响？如果父母需要子女的照顾、经济援助，谁来承担？因此，大家庭有时会面临这样的困境：照看父母、家庭经济状况、家庭成员的各自角色等诸多现实问题掺杂着家庭关系，像一团乱麻一样理不清。在遇到此类困境时，忠诚和遗产就会发挥作用。

金钱可以被当作奖励，也可以被用于操纵、控制和惩罚。有些成年子女可能觉得自己理应得到父母的经济支持或礼物，也会因此对父母心怀感激。而有些成年子女在和父母相处时，可能会表现得与真实自我不一致，因此父母的经济支持可能会让他们感觉到约束和负担。此外，还有一些人，会因为父母在经济上的帮助而感到尴尬或羞愧。但也有一些家庭，如果家中的某个成年子女在经济上仍然需要帮助，父母、祖父母、兄弟姐妹或其他亲戚可能都会对他感到不满。

对于夫妻和家庭来说，如何处理金钱问题可能是一件很复杂的事。刚刚踏入家庭治疗领域时，我就在咨询室里听到了一些很真实的话题，而这些话题也和我的生活息息相关。在治疗中，夫妻经常提的五个问题是：性、家务、在一起的时间、姻亲和金钱。

正如我在前面说过的，任何夫妻在处理这些婚姻问题或家庭问题时，倾听都是非常重要的：真正倾听对方，尝试理解对方的想法和感受，并愿意在沟通后达成合作。

◊ 名字的背后

多年前，我听过一位美国原住民描述他的祖先如何向陌生人做自我介绍。他的祖先们通常会这样介绍自己："我的外祖母（外祖父）叫＿＿＿＿＿＿（名字），我的祖母（祖父）叫＿＿＿＿＿＿（名字）。"这种独特的介绍方式深深吸引了我。为了表明自己的身份，他们需要说出自己祖先的名字并认同自己的祖先。

在美国，很多人的祖先都是移民到美国的。在开拓新大陆的过程中，他们中的有些人不再使用自己曾经在"旧"国家时使用的姓氏——有些被赋予了新姓氏，有些则是自己选择了新姓氏。我对这方面的故事非常感兴趣。当我和这类来访者一起工作时，我会启发他们去思考：姓氏对他们来说意味着什么？他们对家族姓氏的改变有什么感受吗？

姓氏可以引出很多相关话题。比如，妇女运动允许我们这一代女性在结婚时保留自己"娘家"的姓氏，无须再使用丈夫的姓氏。如果我面前坐着一对夫妻，妻子不想使用丈夫的姓氏而是想沿用娘家的姓氏，我很想详细了解一下这对夫妻各自的想法和感受，以便帮助他们解决那些可能阻碍他们形成安全依恋关系的内心感受。同性伴侣结婚时，可能也会在这个问题上纠结。也有许多夫妇会用连字符把他们的姓氏连在一起，这样就可以为他们每个人都创造出一个新的姓氏。

在探索家庭遗产问题时，我常常发现家中会有某个人被赋予了某个特定的名字，这件事可能会说明很多问题，因此很有必要去了解背后的原因。有些孩子的父母给他们取名字只是因为父母喜欢这个名字，而且这个名字本身没有任何"附加条件"。有些孩子的名字是出于家庭的"传统"——例如，家族中所有的长子都沿用父亲的名字。这种传统可能代表着对孩子的某种期望，也可能不代表什么。

有些人的名字被赋予了太过沉重的意义、期望和义务。这让我想起曾经遇到的一个家庭，家中四口人分别是父亲、母亲、一个女儿（6岁）和一个儿子（3岁）。这个家庭面临的问题是女儿戴安娜的自我伤害行为：她经常咬自己的胳膊，还会经常薅自己的头发。她的儿科医生建议她接受家庭治疗。

第一次治疗，我和全家人一起进行了访谈。由于孩子们年龄尚小，我决定在后面的治疗中只和父母会面，以便能获得全面的家族史信息。在父母访谈中，我了解到这对夫妻在二人刚满18岁时就结婚了，可女儿戴安娜却是婚后第15年才出生的。我问他们为什么要等那么久才要小孩，母亲眼神躲闪，低着头沉默不语；父亲则是和我分享了一段悲伤的经历：他们婚后不久就生了第一个女儿，但女儿在6岁那年和邻居一起骑车时出车祸去世了。而这个女儿名字就叫戴安娜。

坐在我咨询室里的戴安娜只是家中已故的第一个女儿的"替代品"。

导致这个小女孩出现自残行为的原因至少有两个，因此我做出了两个假设。第一个假设："新"戴安娜会在不知不觉中质疑自己是否值得活着。在她的内心深处，也就是她的意识之外，她想知道父母是否希望第一个戴安娜活着，而不是她。第二个假设："新"戴安娜已经6岁了，和第一个戴安娜过世时一样大，她的母亲越来越焦虑，因为她很担心失去小女儿。根据我的经验，孩子会将家长内心的焦虑呈现在自己身上（是的，孩子的直觉非常敏锐，他们能够捕捉父母的情绪）。这件事情我非常确信！

所以，我和这个家庭的工作是双重的。首先，我决定单独和这位母亲工作，并且定期邀请她丈夫一起做治疗。我协助她一起处理了女儿早逝留给她的哀伤，支持她从创伤中逐步恢复过来，通过这样的治疗方式来缓解她表现出来的焦虑情绪。和夫妻双方一起工作时，我修复了这对夫妇在失去孩子后残留在关系中的创伤体验（尽管这对夫妇的感情比大多数夫妇要好很多）。我帮助这对父母意识到为什么要安抚健在的女儿，为什么要帮助她形成积极的自我价值，并且指导他们如何去做。当我开始帮助这位母亲并给予这对夫妻支持时，女儿的症状很快就消失了。

孩子们为了让父母接受治疗，经常会无意识地让自己出现症状！这一点让我很惊讶！

名字可能承载着祝福，也可能带着诅咒。名字可以给人带来归属感和自豪感，有时候，名字可以让人体会到亲情的联结；可有时候，名字又会让人感受到亲情的不牢靠。就拿我来说吧，我的名字叫伊莱恩。我父亲只有一个妹妹，她的名字叫海伦。海伦姑姑想让我父母用她的名字来为我取名，但我父亲并没有采纳这个建议。我的母亲既想对父亲忠诚、尊重他的意愿，又想取悦海伦姑姑——她唯一的"姐妹"。于是，母亲向海伦姑姑妥协了，将法语中的海伦——伊莱恩作为我的名字。

第六章 亏欠　　　　　　　　　　　　　　　131

我非常喜欢海伦姑姑,她是我生命中很重要的人。我一直很喜欢我的名字,在我长大的小镇上,我是唯一一个叫伊莱恩的女孩。(在亚瑟王的传说中,伊莱恩是圆桌骑士兰斯洛特的恋人,也是圆桌骑士加拉哈德的母亲。十几岁的时候,我迷上了亚瑟王的传说。自那时起,我更喜欢自己的名字了。)

然而,我却是学校里唯一一个没有中间名(名字和姓氏中间的另一个名字)的女孩。我很嫉妒别的女孩既有名字又有中间名。我问妈妈为什么不给我取个中间名,她解释说她讨厌自己的名字里面还带着个中间名。就因为我的妈妈非常讨厌自己的名字,所以她也不给我和妹妹取中间名。她告诉我和妹妹,如果我们不喜欢自己的名字,可以选择一个自己喜欢的名字,这个名字就会成为我们的合法中间名。如果我们更喜欢这个中间名,那别人以后就可以称呼我们的中间名。我和妹妹克里斯汀都很喜欢现在的名字,我们都不希望别人用其他的名字来称呼我们。

了解一个人的名字有什么来历,可以启发我们了解他与家庭的联系,以及他们在这个世界上把自己当作什么样的人。

◊ 无意识的忠诚

博斯佐门尼-纳吉认为,公开的家庭规则要求忠诚,这一点存在着很大问题。对于家庭来说,无形的忠诚往往破坏性最大。因此,如果一个人被家庭分配了很多对忠诚的期望,这种期望可能会在无意识中给他带来伤害。由此可见,对忠诚的要求发生在一个人的意识之外,常常会损坏个人健康和幸福。这些看不见的、无意识的忠诚会跨越几代人,影响着家庭成员现在的行为。

一位母亲带着儿子本（15岁）来接受治疗，儿子开始喝酒，这让她非常担心。一天晚上，本和朋友出去玩，回家后呕吐不止。于是，这位母亲打电话来为儿子预约治疗。儿子告诉她，他平常只喝"一点"，但那天晚上他就是停不下来。

　　当她打电话预约第一次治疗时，我按照惯例告诉她，我想让她和儿子一起来进行访谈。她家里除了她和儿子没有其他人，如果有的话，我也会邀请他们一起过来。

　　本倾诉道，对于喝酒，他自己也很担忧。母亲在第一次发现他喝酒时表现得很紧张，但他并不想理会，直到有一天晚上，他喝醉后感觉身体极度不适。

　　本告诉我，父母在他7岁时就离婚了。根据我的经验，我问他当时那么小为什么很快就相信父母已经离婚了。他说他认为父母离婚的原因是父亲是个"暴躁的"酒鬼。并且，他和父亲已经不再联系了。父母刚离婚时，父亲会定期来看他。但在最近三年多，他已经联系不到父亲了。他偶尔会从住在另一个州的姑妈那里得到父亲的消息。在和姑妈的最后一次电话中，他得知爷爷去世了，他也酗酒。本之前就知道父亲和爷爷的关系非常疏远，但他不知道爷爷也酗酒。本只见过爷爷一次，对爷爷的记忆非常模糊。

　　当我搜集家族史时，我询问本："你还记得和父亲一起生活时发生的事情吗？"他开始倾诉父亲酗酒和父母打架的事。我继续问他："有没有美好的回忆呢？"他分享了自己四五岁时的记忆。其实本拥有一些美好的记忆，他似乎很愿意回忆起它们，也很愿意与我分享。随后他说了一些话，我意识到这些话可能是解决"眼前问题"（酗酒）的关键。

　　在和我分享他和父亲的美好回忆，以及三口之家的幸福时光时，他说："从前每个人都告诉我，我就像我父亲一样。我的父亲性格外向风趣，常常是聚会上的焦点人物。"

我和本没有说话，坐在椅子上沉默了好一会儿。然后我问他："本，我在想，你和父亲始终血脉相连，你在内心深处对他非常敬重，但除了酗酒，你是否还有其他方式可以表达你和他的联结和你对他的敬意呢？"他豁然开朗！

我和本进行了几次一对一的面谈，随着治疗的开展，他能从"就像父亲一样"这项遗产中解放出来，不再被这个标签禁锢。他在他与父亲共有的品质中找到了他喜欢的品质，并且为这些品质感到骄傲。尽管他已经失去了一个爱他、支持他、开朗风趣的父亲，他现在能够为此感到悲伤，也开始面对悲伤，这是他之前从来没有做过的事，因为他从前一直认为：一旦他因失去父亲而感到悲伤，就是在背叛母亲。他为此深感恐惧！他的母亲也和他保证，她并不认为这是本的背叛，这意味着本得到了母亲的许可，再也不用掩藏悲伤。

我们还探讨了酗酒和父子关系隔阂等家族遗产的代际模式。我帮

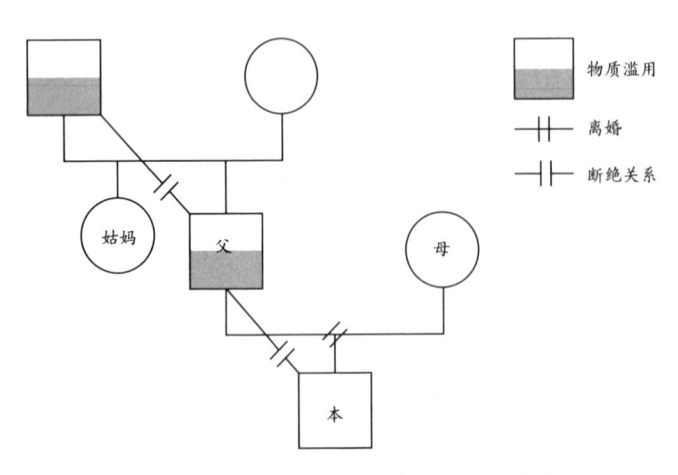

图 6.1 描绘物质滥用和关系断绝代际传递的家谱图

助他理解了酗酒往往是一个代际问题：在他的案例中，他的父亲和爷爷都酗酒，这说明他可能有酒精滥用的倾向。本的父亲和本的祖父关系疏远，而本和他的父亲现在也疏远了，更确切地说，应当是"断绝了持续的关系"。

了解代际传递模式可以帮助我们更好地理解自己为什么是现在的自己，为什么会做当下的行为。在父母的婚姻走到终点并最终离婚的过程中，本一直和他们住在一起，作为一个见证了父母婚姻终结的孩子，本经历了纳吉所说的忠诚分裂。纳吉认为忠诚分裂是忠诚问题中最困难的问题之一，因为孩子会被父母中的一方或双方拉拢去抵抗另一方，这种让孩子在父母之间来回撕扯的关系动态会造成孩子内心的痛苦。

我经常目睹处于忠诚分裂这个毁灭性位置上的孩子们做出的反应，他们承受着严重的情绪问题和心理困扰。这种心理困扰可能表现为自卑、性情孤僻、抑郁，表现出"不端"行为，甚至产生自杀的念头。因此，我想在这里对各位家长说：请学会克制自己，不要将孩子置于这样的境地，因为孩子常常会自动将自己放置在这个位置上，他们已经在对自己做这样的事情了，不需要父母再来强化。

不幸的是，父母未必是造成孩子忠诚分裂的罪魁祸首，家庭系统中的其他人也可能将孩子推到忠诚分裂的位置上撕扯。比如，祖父母可能也会"招募"一个孩子和他们一起反对孩子的父母或另一位祖父母。无论是哪种情形，孩子都被家中的大人三角化了。

家庭的忠诚和遗产往往会对一个人产生很大的影响，因为它们会要求一个人按照家庭的要求去思考和行动。如果一个人的想法和信念与家人的不一样，那么他要敢于表达自己的想法和信念。同时，他也需要勇气，下决心在这些差异上采取行动。

◊ 家庭账本

正如我前面提到的那样，家庭中除了遗产和忠诚，还有每个人的家庭账本，账本中记录了权利和"债务"。纳吉认为，孩子生命早期的账本收支不平衡，那是因为年幼的孩子有权利接受父母的照顾。通常情况下，这种照顾是不计回报的，因为父母并不愿意让孩子在父母面前欠下一笔债。随着孩子长大成人，他们也会逐渐担负起越来越多的责任和债务。然而，如果一个孩子被期望承担太多与年龄不匹配的责任，那么这个孩子很可能会承受情绪上和心理上的压力。

在工作中，我见过很多人都在试图处理账本的"收支平衡"问题。这件事在有些成年来访者身上表现为"要求回报"。而有些来访者则会感觉自己需要去照顾父母或祖父母。这些表现未必是破坏性的，并且他们的确是平衡账本的方式。然而，有些平衡账本的方式可能是有害的。比如，一个人为了还债而自我牺牲到毁灭的地步，或者父母过度索取回报从不考虑这会给成年子女带来什么影响。这样的方式就可能具有破坏性。"我照顾过你，现在轮到你照顾我了"，说这句话的父母可能企图剥夺成年孩子的个人生活。我遇见过太多这样的人，他们在照顾其他家人的同时，把自己的生活"搁置"到一边。

虽然我们需要照顾家庭成员，也需要在恋爱中做出一些牺牲，然而，选择做出牺牲并不等于选择"牺牲"。选择"牺牲"（即否定自己的欲望和需求），对自己和关系都是毁灭性的。虽然充当"殉道者"是一件毫无益处的事，可有些人似乎很容易被殉道者吸引。

有时候，如果父母认为原生家庭或配偶亏欠他们，那他们很可能会把债务投射到孩子身上。例如，一位单身母亲独自带着儿子生活，这位母亲的父亲也是在她童年时期就离开了她，因此她可能会把"父亲抛弃她"这笔债投射到儿子身上。她可能不希望儿子长大离家。即便儿子离开家，她可能也会一直跟在儿子身边。而一位从小不得不照顾妹妹的男性在成为父亲后，可能会把"妹妹和母亲需要他照顾"这笔债务投射到女儿身上，并期望女儿来照顾自己。

除此之外，家庭账本上"谁欠谁什么"的争吵同样会发生在手足之间，也会发生在关系稳定的夫妻和情侣之间。对于身处婚姻的人来说，试图从配偶身上收回原生家庭欠他们的债务是很常见的。这可能会让夫妻之间产生不切实际的期望，有时还会让彼此滋生怨恨，破坏亲密关系。

和许多夫妻一起坐下来进行治疗时，如果其中一方喋喋不休地说他们为另一方付出了很多，或者抱怨自己什么都没得到，这个人很明显在记账。夫妻双方通常都有各自的账本，记录着另一方的"不当行为"。每当与伴侣发生争吵时，他们总是喜欢直截了当或者含沙射影地向对方展示他们记下的账目。我们治疗师把这种做法称为"记黑账"。

忠诚、遗产和账本问题常常是引发婚姻问题的根源。处于人生的发展转型期时，我们需要意识到并处理好对原生家庭的忠诚问题。在各个转型期中，结婚或许是涉及忠诚问题最多的人生阶段。在经营婚姻的过程中，我们遇到的很多问题都与忠诚有关，因此我们需要妥善处理自己对原生家庭的忠诚。

一个人对父母和祖先的忠诚往往藏在内心深处，因此根据家庭背景来选择婚姻伴侣也是情理之中的事。无论是在电影里，还是在现实生活中，我们都听过这样的话：

"她要嫁入豪门了。"

"他攀上高枝了。"

第六章 亏欠　　137

有时候情况也会略有不同，我的一些来访者会对配偶的家庭更依恋（因此也更忠诚），而不是对配偶本人。我目睹过来访者因为即将失去伴侣的家庭而哭泣，却对失去伴侣而感到欣慰。

◯ 姻亲忠诚三角

在我看来，涉及姻亲的家庭三角关系是因忠诚问题和亲密问题而产生的，所以我才没有在第五章介绍它们。尽管第五章非常详细地讨论了家庭系统中的三角关系，但我还是把它们收入在本章中。

在婚姻关系中，夫妻双方会将他们的主要依恋关系从各自的父母转移到配偶。而对于那些对父母或原生家庭保持深度忠诚的人来说，这可能是一个非常困难的改变。如果能够成功转移，一个人可以继续把父母放在重要位置，但他不会再把父母关系视为主要依恋关系。

我曾经读过《婚姻冲突的评估和治疗：四阶段疗法》[4]。这本书介绍了三种常见的姻亲三角关系，我对它们的识别和命名产生了浓厚兴趣。于是，我对这些姻亲三角关系进行了概括和总结：

理想化父亲三角关系

如果妻子给予自己父亲的忠诚和尊重远远多于她给予丈夫的，而丈夫又不太可能辜负自己的岳父——妻子心中的理想化父亲，这时我们就会在家庭中发现理想化父亲三角关系。妻子会向自己的父亲寻求建议和指导，而妻子的父亲也很享受在女儿心中的重要地位，还会鼓励女儿依赖他，甚至会公开要求这种忠诚，如果得不到，他就会拒绝给予爱和支持。

而理想化父亲三角关系不仅是妻子/父亲＋丈夫，还有可能是丈夫/父亲+妻子。丈夫和他的父亲可能是"豆荚里的豆子",他依靠自己父亲的陪伴和支持。在这种情况下,妻子就会像局外人一样。如果丈夫为家族企业工作,那么他的父亲也可能是他的老板,这就增加了父亲比妻子重要的可能性。

闺密母亲三角关系

与前一种三角关系相比,闺密母亲三角拥有相同的动力,同样可以在配偶之间发挥作用,唯一的不同之处是,三角关系的第三个成员是母亲。这种三角关系在母亲和女儿之间似乎比儿子和母亲之间更普遍,尽管我目睹了儿子也和女儿一样,更愿意与母亲而不是与伴侣分享最脆弱的自我。

与家庭结婚的三角关系

如果一个家庭中的父亲一直想要一个儿子,那么女儿可能在婚后把自己的丈夫交给父亲;如果某位男性的记忆中父亲是缺席的,而他渴望父亲,那他在婚后可能会被妻子交给他的岳父。然而,如果妻子对自己的父亲忠诚,想通过这样和父亲更亲近,可能会适得其反,因为她的父亲可能更愿意和女婿有更多的联系,而不是和她。因此,在女婿与父亲关系紧密的家庭中,作为妻子/女儿的女性可能会被父亲-女婿的同盟三角化。在她的无意识里,她可能会将父亲送给丈夫,弥补父亲没有儿子的遗憾;也可能会把丈夫让给父亲,填补丈夫父爱缺失的空白。这位妻子/女儿的做法,也许是在讨好父亲或丈夫。当然,可能父亲或丈夫将家庭关系中缺失的部分,过度捆绑在这位女性身上。她除了扮演妻子/女儿的角色,还会被当成父亲/儿子,这样的关系可能让她感觉不适,想要回避。

第六章 亏欠 139

如果丈夫把他的母亲交给妻子，与家庭结婚的三角关系就开始发挥作用（这种情况出现的频率似乎比妻子把自己的母亲交给丈夫要高），我们就会在家庭中发现妻子—婆婆—丈夫三角关系。它能在让丈夫与他的母亲关系不必过于亲密的同时，还依旧能对母亲保持忠诚。在这个三角关系发挥作用的时候，妻子和婆婆一起社交，一起抚养孩子，并照顾其他家庭成员。丈夫似乎有两个"母亲"，这种情况在婚姻中并不少见。

公婆和岳父岳母并不是唯一的"姻亲三角"。在夫妻关系中，兄弟姐妹也可能被三角化。这让我想起了歌舞电影《白色圣诞节》中欧文·伯林创作的《姐妹》这首歌。电影中有一处充满了隐喻色彩的情节：以歌舞表演维生的两姐妹在舞台上演唱这首《姐妹》，歌词仿佛是在警告那些追求者：我们之间关系亲密，不能有男人介入。的确，大多数手足的关系经历和体验要远远早于婚姻关系，并且血浓于水的情结让多数人认为手足关系比婚姻关系更重要。然而，这首歌中还有一句歌词：姐妹俩互相发出警告，不要在对方身边当"电灯泡"，不要觊觎自己感兴趣的男人。

在这里我想提醒大家，家庭创造三角关系是为了帮助系统中一位或多位成员减轻压力和焦虑。三角关系的产生和存在具有一定的目的性，我们不能简单地用积极或消极来评价三角关系本身。

"姻亲三角"的核心问题是"依恋程度"和"谁拥有权威影响力"。如果配偶中有一方与原生家庭成员的关系过于亲密，另一方极有可能感觉自己是个局外人。一旦夫妻双方之间发生冲突或婚姻遇到问题，这些由忠诚维系的三角关系可能会让他们更难修复关系，还可能会导致夫妻关系破裂。通常情况下，一旦家庭成员卷入夫妻之间的冲突，关系修复就会更加困难。

谢丽尔和大卫走进咨询室做夫妻治疗。他们结婚10年了，有一个7岁的女儿。打电话来预约的是妻子谢丽尔，说丈夫大卫自从一个月前失业后，就一直和她吵架。在咨询室中，谢丽尔说她对大卫很生气，因为他整天坐在沙发上而不是去找新工作。当大卫分享他的技能和工作经历时，我立刻意识到大卫可能患有严重的抑郁症，如果不是被抑郁所困，我相信他很容易找到工作。在第二次访谈中，我尝试先从大卫的抑郁情绪入手，给他和谢丽尔一些支持。但谢丽尔却开始焦躁不安。她说，抑郁是大卫的借口，他只是懒惰而已，所以才找不到工作。每当和这些前来求助的家庭开始工作时，我都会让他们分享自己的家族史。谢丽尔向我透露，她和母亲的关系直到现在都非常亲密，她每天都和母亲通电话，并且还会和母亲分享每一件大卫让她失望、伤心或愤怒的小事，有些确有其事，有些根本就没发生过。谢丽尔不断地对大卫"上纲上线"，她的母亲也同她一唱一和，母女俩一起评判大卫："他难道还不够糟糕吗？"

哪怕是大卫最近失业了，谢丽尔还是在那些无关痛痒的小事上和母亲不停地埋怨大卫：他忘记倒垃圾、结婚纪念日他没送花、他错过了孩子的家长会……在他们婚姻的大部分时间里，谢丽尔都在利用她和母亲的关系来表达对大卫的不满。所以，当他们真正遇到大卫失业这一危机事件时，谢丽尔和母亲便开始对大卫穷追猛打，不断暗示他不够好。他没有得到妻子的支持和鼓励，反而遭受了妻子和岳母的羞辱和贬低，于是他开始退缩。这些让大卫身陷抑郁，他变得无精打采，根本没有动力重新找工作。

不幸的是，大卫和谢丽尔这样的家庭并不少见。一个人对原生家庭的忠诚和亲密，可能会破坏他与伴侣的关系。一个人从家庭继承的忠诚和遗产也许会阻碍他，让他难以成为独立的成年人。

每个人在童年时都会从家庭那里继承一些忠诚和遗产，所以我们人人都有一本记录着权利和债务的家庭账本。家庭账目越平衡，我们就越能自由地、充实地生活，也越容易与他人建立健康的亲密关系。

平衡账目可能涉及豁免"债务"，包括别人欠你的"债务"，以及你欠别人的"债务"。你可以问自己一个问题："免除这些债务的代价是什么？"如果代价太大，就不要免除。大多数情况下，背负债务的成本要大于偿还债务的成本，尤其是当债务带有情感能量的时候。但有一件很重要的事情需要大家记住：宽恕是一种情感上的释放。

原谅不意味着忘记，宽恕也不意味着放弃对自己或他人的责任。宽恕行为意味着释放你被某人或某种情况牵扯而激发的情感能量，因此，原谅是你给自己的礼物。

理清原生家庭中的忠诚和遗产问题，可以帮助一个人摆脱亲情"纽带"的束缚，因为这种束缚阻碍了心理上的自由和成长。同时，认清忠诚和遗产问题还可以帮助我们获得自己应得的遗产，并以此促进自我赋权，避免让自己成为一个被动的同谋并继续在家庭问题中撕扯。比如，一位女儿将接管母亲的房地产生意，因为忠诚和遗产要求她这样做。如果女儿是被动接管（即这是被期望的，她觉得自己没有选择权），她可能会发现自己的满足感很低。而如果她意识到她可以选择继承，并按照自己的意愿做出选择，那么她的满足感就会比被动接受时高出很多。如果她也可以选择不继承，而不是"不得不"继承，她就从一个被动接受的位置，进入了一种有力量和权力的状态。

选择你的选择。

主宰你的生活。

谁亏欠了谁什么

家庭的遗产

1. 你从原生家庭中得到了什么遗产？（例如，成功、失败、小丑的角色、老师的角色等）。
2. 你感觉这份遗产是祝福还是诅咒？
3. 如果你曾经成功地放下了一项不想要的遗产，你是如何做到的？
4. 如果你想放下一项不想要的遗产，想象一下，你现在需要做什么？
5. 如果你已经为人父母，你会给你的孩子留下什么遗产？

家庭的忠诚

1. 你能在你的家庭中找到忠诚的纽带吗？哪些是与你有关的？这些忠诚的纽带对你来说是毁灭性的还是支持性的？
2. 你亲历过或目睹过忠诚分裂的例子吗？如果有，对你有什么影响？
3. 你能否识别出那些无意识的忠诚？ 如果有，它们对你有什么影响？

家庭账本

1. 你和你父母之间的账本目前是什么状态（他们

现在还健在吗)？他们给予了你什么，亏欠了你什么？

2. 如果你已经找到了另一半，你们之间的账本是什么状态？如果这个账本收支是不平衡的，这会给你们的关系带来问题吗？你如何看待你们之间的亏欠和付出？如何平衡你们的账本？
3. 如果你有孩子，思考你和孩子之间的账本是什么状态。这对你和孩子来说是阻碍还是促进？

取名

你知道自己名字是怎么来的吗？它代表了你与家庭的联结吗？它承载了家庭的荣耀吗？你觉得你的名字是祝福还是诅咒？

第七章

家庭的秘密

没有隐私，一个人会失去自我意识和幸福感，但不是所有的秘密都能确保你在自我关爱。如果继续隐瞒那些难以启齿的事情，特别是破坏性的家庭秘密，可能会给你和你在乎的人带来更大的伤害。

我们如何与内心深处的"恶魔"和平相处，
如果不找出真相，
我们还要面对曾经伤害过我们的父母。
——
《丫丫姐妹会的神圣秘密》[1]
丽贝卡·韦尔斯

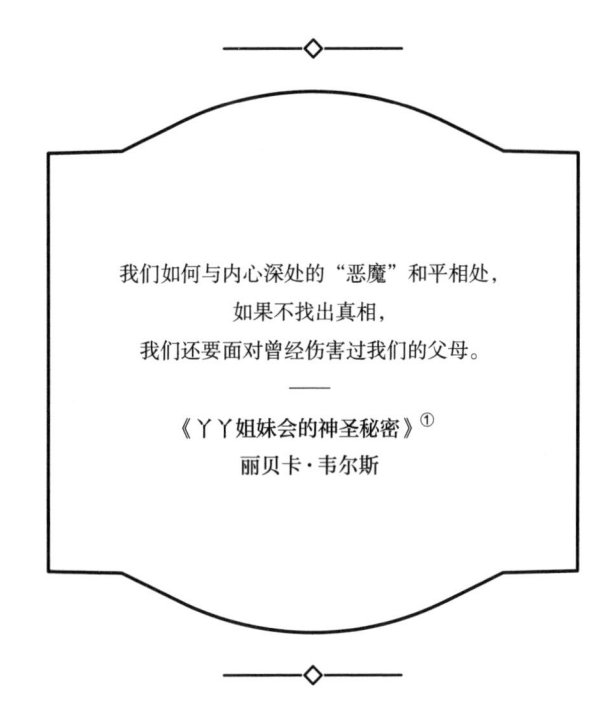

[1] 小说讲述了一个女儿为了修复母女关系、了解母亲的秘密，从母亲的日记里了解母亲少女时期加入姐妹会的往事。——译者注

面对家庭的秘密，我们很难找到简单的方法来处理这个问题。保守秘密和公开秘密各有利弊，心理治疗师和家庭成员都需要仔细斟酌。

保守秘密会引发问题，公开秘密同样会引发问题。

每个人以及每个家庭都有各自的秘密。在本章中，我会带领大家一起探索各种类型的秘密，也会探索秘密是如何让人产生羞耻感的。羞耻感是一个非常重要的话题，我们将会在此章详细讨论，因为它和家庭秘密息息相关。尽管我们应该对羞耻感进行深入且详细的讨论，但这个话题并不属于家庭秘密的范畴，它并不是本书的重点，因此我们只围绕家庭秘密来讨论羞耻感。

同时，我也将秘密和隐私做了区分。

◊ 隐私与秘密

家庭的秘密指任何直接影响一个人或涉及一个人，但在两个人或者多个人之间互相隐瞒或有区别地分享的信息［美国《家庭心理学期刊（*Journal of Family Issue*）》（1998）］。家庭秘密通常包含以下要素：

1. 家庭中有一个或多个人在保守秘密

2. 家庭中有一个或多个人并不知道秘密，但会受到秘密影响
3. 被秘密涉及或影响到的其他人与秘密并没有直接关系
4. 秘密涉及的主题[1]

处理家庭秘密问题之所以如此困难，其中一个原因就是：人人都有权利维护自己的隐私，但这项隐私背后的"秘密"可能会对其他家庭成员产生影响，维护隐私和影响他人这两者之间的界限往往很模糊。无论隐私还是秘密，都是对他人有所隐瞒的信息。一个人认为是"秘密"的东西或许在另一个人看来未必如此。

无论是个人还是夫妻，都理所应当地享有隐私权。如果没有隐私，一个人可能会失去一些自我意识和幸福感。每个人都有不愿分享的想法和感受，这也是情理之中的事。

我小时候有一个好朋友，她家里有七个孩子，她排行老三。家里拥挤的居住条件，让她不得不和其他家人共用卧室、淋浴间，甚至连衣服都要轮流穿，而她家里几乎所有的东西都需要全家共用。

有一天，她过来询问我，她能否和我分享一个小秘密。我回答，当然可以。于是，她带着我走进了她家附近的树林。她在一棵大树下停下来，从口袋里掏出一把勺子，开始在粗壮的树根之间挖泥土。随后，她挖出一个小塑料盒，盒里装着上百颗金色的小星星，就是老师贴在家庭作业上作为奖励的那种小星星。我永远不会忘记朋友脸上欣喜和骄傲的表情：这是她的私人秘密。朋友能信任我并和我分享秘密，我感到很荣幸。后来，每当来访者或周围人和我分享秘密时，我都会感到非常荣幸。

在我看来，儿时伙伴关于小星星的秘密是一个良性的秘密。从本质上看，这个秘密更像是她拥有了一些属于自己的私密的东西。在她

当时生活的家庭中，家庭成员之间有太多东西需要共用，所以她需要拥有一些只属于自己的东西，这样才能让她体会到与其他人分开的感受；对于她来说，这种分开非常重要，而且很健康。

我鼓励大家在这里思考一下：在你的家庭中，有哪些关于尊重家庭成员隐私的规定，这些规定是否影响到你目前的关系？有什么样的影响？

成年人和孩子都有隐私的权利。已经有很多人表示，在这个网络时代，拥有隐私和维护隐私越来越困难。几年前，我去拜访一位朋友。当我们在她家厨房聊天时，她说她想要一个新冰箱。而房间里有一台她丈夫新买的智能机器人。我的朋友平时喜欢向机器人询问天气，并用它播放歌曲。我们当时都没有意识到机器人也在听我们的对话。那天晚些时候，她在电脑上收到了很多关于冰箱的电子邮件和弹出式广告。在当今的科技时代，保护隐私的确变得越来越困难。

秘密无处不在，可能存在于一个人的心里，存在于一对夫妇之间，也可能存在于小家庭或大家庭中，甚至还会存在于更大的系统中。家庭的秘密分为家庭内部秘密和家庭共享秘密。家庭内部秘密是指一个或多个家庭成员对至少一个其他家庭成员保守的秘密；家庭共享秘密是指整个家庭对家庭以外的人保守的秘密。我们最常看到的家庭共享秘密主要存在于这样的家庭中：有药物滥用、身体虐待；从前或现在出现了让家庭蒙羞的人或事，让整个家庭不得不将其当作秘密保守。

有时候，我们也会这样定义家庭内部秘密：对于那些被隔离在秘密之外的家庭成员来说，与他们相关的隐藏信息就可以被称为家庭内部秘密。这样的定义方式将隐私与秘密加以区分，并且把"相关的"作为定义中的关键词。家庭中的有些秘密是良性的，意味着它们不会真正影响到其他人。比如，我那位朋友将星星埋在树下当作自己的宝藏，这样的秘密就是良性秘密。

在人际关系中，保守秘密最常见的两种方式是说谎和隐瞒信息。在说谎时，我们会给出错误信息；在隐瞒时，我们会省略相关信息。

○ 保护自己还是保护别人

在大多数时候，一个人保守秘密的原因是他担心秘密被别人知道后，自己可能会失去一些东西，因此想通过守住秘密来保护自己。也有一些时候，当一个人下决心去保守秘密时，他的内心中可能很想要保护别人。然而，还有一种情况是：一个人把保守秘密合理化，认为他是为了保护别人，而实际上他只是想保护自己。

我已经在一家心理咨询中心供职五十年了，中心的无偿服务业务之一就是为自杀者家属提供支持。在这几十年里，我为许多经历过家人自杀的来访者提供过心理咨询服务。值得欣慰的是，这些年来人们因亲人自杀而产生的耻辱感已经慢慢减少，但家属们仍然对亲人自杀离世无法释怀，他们中的很多人都想把这件事当作秘密放在心里。

我曾经接待过很多来访者，他们的家庭成员都选择了用自杀结束生命。这些来访者承受的内疚和羞耻感往往会让他们的哀伤过程更加曲折复杂。正是出于羞耻感，所以许多人不希望别人知道家人死亡的真正原因。他们往往想封存与自杀亲人有关的记忆，也想保护自己、不让自己的羞耻感暴露在外。

许多父母都在犹豫是否应该让孩子知道已故家庭成员是死于自杀的。同样，他们可能一直在封存有关已故家庭成员的记忆。根据我的经验，这些父母也想保护孩子，不让这些信息对孩子产生情感上的影响。尽管我们提倡诚实，但分享这些信息时使用什么措辞、分享多少信息，需要根据孩子的年龄和发展阶段谨慎考虑。

我一向强烈主张维护个人隐私权。根据我的经验，我们每个人都有属于自己的秘密。同样，这些秘密只有在被隐藏的信息与被隐藏的人有关系时才会成为问题。例如，有秘密情人的人会对自己的配偶和孩子造成不利影响，这个秘密是具有破坏性的。破坏性的秘密会侵蚀关系的完整性。它们的危害就像隐藏在你身体中但尚未被诊断出的癌症，因为你无法对你不知道的问题对症下药。

◊ 破坏性秘密

我记得在很多年前，一位同事曾经讲过一个关于破坏性秘密的故事。这位男性治疗师曾经为一位患有严重抑郁症的中年男子提供咨询。在一起工作了几年之后，这位来访者的抑郁程度大大减轻了。在大多数时间里，他对自己的生活都十分满意。于是，他开始和治疗师讨论终止治疗。尽管治疗师和来访者都承认来访者仍然有一些抑郁的感觉，但来访者确信这可能是他"与生俱来的"忧郁气质。

就在他们即将结束治疗时，来访者打来电话说自己遇到了严重的危机。他告诉治疗师，他现在有自杀的念头，不确定自己是否想继续活下去。当治疗师和来访者坐在一起进行紧急治疗时，来访者报告说，他最喜欢的姨妈最近去世了。来访者发现自己异常悲痛，这让他自己都感到震惊。让他和治疗师更震惊的是，他陷入了极度的绝望之中。这让来访者和治疗师都觉得有些事情"完全不对"。但为什么会这样呢？

这周晚些时候，来访者在他每次约定的时间走进了咨询室。他的举止与先前完全不同，他不再绝望，抑郁的情绪也消失了。来访者向治疗师说，姨妈的葬礼结束后，他的母亲和他分享了一个家庭秘密。

这个秘密是：来访者深爱的姨妈其实是他的生母。而把他当儿子抚养长大的女人，其实是他生母的大姐。来访者分享了这个秘密的细节，也吐露了他的心声：他人生中第一次觉得自己是完整的，他终于知道自己是谁了。他的养母告诉他：她和妹妹本打算在他18岁的时候告诉他真相。但因为当时一家人正在面对其他的家庭问题，所以她们决定再等一等。他的生母后来决定，既然她们等到现在还没有告诉他，所以想继续对他保守这个秘密。

这位来访者表达了他内心深处的信念：我总感觉有一些东西是我不知情的。而现在"知情"让他从那股伴随他一生的深深的悲伤中解脱出来，他和他的治疗师都认为是这股悲伤导致了他的抑郁。

在这个案例中，家庭成员为了保护另一个家庭成员而守护着一个秘密。然而，这种保护的愿望却变成了被保护者的个人债务，这样的结果往往是家庭秘密导致的。

当气氛紧张或"不对头"的时候，无论是成人还是儿童都能感觉到，这种感觉和认知会在家庭成员中引发焦虑，虽然家庭成员们在意识层面并不知道这个秘密，但他们还是会受到秘密的影响。

我经常遇到这样的情况：对于那些被隐瞒秘密的人来说，那些他们在意识层面不知道的秘密，在某种程度上却被他的潜意识体验到。就比如上面的案例，尽管来访者体验到的焦虑和抑郁程度都不算高，却是无休无止的，我和我同事都相信这位来访者在潜意识层面已经知道关于自己身世的秘密。对于这其中的奥妙，我无法给出确切答案。我只知道我自己和其他人的经历，都属于同一类现象。我常常在想，这种现象是否与爱因斯坦的"幽灵超距作用"①理论有关，或者与量子纠缠理论有关。尽管我对这两个理论已经研究了几十年，但我始终不能完全理解。

下面是另一个关于秘密的案例。有时候越是隐藏秘密，就越会出现问题。

一对父母带着 16 岁的女儿来做家庭治疗。他们担心女儿违反了晚上不能出门的规定，并且认为女儿已经和男朋友偷尝禁果。那位母亲显得尤为担忧，她在咨询室里就痛斥了女儿一顿。我注意到这位母亲每次在谈论女儿的时候，都会变得近乎歇斯底里。

这是我的切入点，我还需要了解更多情况。我决定在女儿不在场的情况下和父母进行一次面谈。当我单独和孩子的父母工作时，我才知道这位母亲 16 岁就怀孕了，却把孩子送了人，并且她从来没有告诉丈夫这个秘密。我帮助这对夫妇处理了这个信息，丈夫能够很客观地看待这件事，并且也能给予妻子足够的安慰和支持。

我完全支持这家的女主人作为妻子和母亲的隐私权，但我也表达了一些担心，因为历史可能会在一个家庭中重演，尤其是当那些让人难以启齿的事情没有得到充分讨论和处理时。

正如我在前面说过的，我们在意识层面上不知道的事情，常常会在潜意识层面上被"知道"。这种"知道"会在情绪层面上影响我们，且会通过行为表现出来，这一点在儿童和青少年身上尤为明显。

在后面的工作中，女儿也一起加入了咨询。在前几次面谈中，妻子向丈夫分享了她的秘密，我也帮助他们一起处理了这个秘密。现在，

---

① 幽灵超距作用：薛定谔提出了量子纠缠理论，即距离很远的两个量子仍然以某种方式相互联系。但量子纠缠似乎只存在于量子世界，和相对论理论体系相违背。因此，爱因斯坦对量子理论持怀疑态度，并将其称为"幽灵超距作用"。——译者注

她决定和女儿分享自己的经历。她以一种平静的方式，带着适当的情感向女儿诉说了这段经历。女儿走到母亲身边，坐在她身边，用双臂环抱着她。母女俩一起哭了，父亲伸出手，充满爱意地安抚着她们俩。

女儿说她理解父母对她的担心。她还表示，父母的担心没有必要，她会遵守规定，按时回家。

这家人围绕父母与青少年问题又进行了几次家庭咨询，尤其是父母对女儿性萌动的担忧。因此，当他们真正尝试倾听和理解对方时，咨询的主题也发生了巨大的变化。

这种变化之所以能够发生，是因为母亲在少女时期怀孕并把孩子送人收养这个大秘密得以公开。我对此十分确信！

在如今的美国，收养已经不再被人们当作秘密了。在我职业生涯的早期，我还能遇到不少被收养的人，他们对自己的身世毫不知情。在家庭中如何处理收养问题对家庭成员有着巨大的影响。收养的信念和故事会影响角色分配、关系边界，以及个人如何看待自己在世界上究竟是谁。

被保守的秘密往往是破坏性的秘密。

破坏性的秘密是"有毒"的，至少会给一个家庭成员带来风险。

有些秘密确实很危险。涉及身体虐待和性虐待的秘密是危险的，对自己或他人造成威胁的秘密是危险的，触及法律的秘密也是危险的。这些都是不容置疑的。

例如，一个刚上大学的年轻人来接受治疗，因为他心里藏着家中一系列不可告人的秘密：他哥哥和一个黑帮成员有过结，而这个黑帮成员潜入来访者家里，谋杀了他的弟弟妹妹。来访者的哥哥整日不回家，在外面干着贩毒的勾当。来访者的舅舅对外甥贩毒的事一清二楚，但这个舅舅曾经也是黑帮成员，所以他决定和来访者的母亲，也就是他的妹妹隐瞒这件事。

这是多么危险的秘密！

○ 秘密与羞耻感

破坏性秘密往往会加重一个或多个相关家庭成员的羞耻感。当一个人体验羞耻感时，他可能会感到被羞辱、尴尬、无价值感、丢脸、缺乏信心，并且会因为缺乏安全感而无法与他人建立联系。当一个人体验羞耻感时，他们通常会认为自己的整个存在都是有缺陷的。

感到羞耻可能是一个人遭遇失败或者认为自己因失败承担的后果。在一个家庭中，家庭成员的羞耻感来自他们认为家庭以外的人如何看待他们的种族、宗教、性取向或经济地位。此外，家庭内部已经发生或正在发生的事情如果让人感觉有问题，或者会被外界武断地贴上错误的标签，家庭成员可能会因此感到羞耻。羞耻感常常迫使人们保守秘密。

我之前提到过家庭共享秘密，也就是整个家庭对家庭以外的人保守的秘密。

大多数情况下，这些秘密都与成瘾、非法行为、身体虐待和性虐待有关。并不是每个家庭成员都会承担家庭共享秘密，因为有些成员可能不知道这个秘密。比如，由母亲、父亲、12 岁的女儿、10 岁的儿子和 5 岁的女儿组成的五口之家中，也许只有父亲、母亲和大女儿知道大女儿被舅舅猥亵过，他们可能永远不会对家中年龄较小的孩子们提起这件事。而在某些无意识层面上，这些弟弟妹妹也未必不知道姐姐身上发生的可怕的事。不幸的是，感到羞耻的往往是受害者，其常常感到自我厌恶和自卑。

如果一个孩子与行为可耻的人有亲缘关系，这个孩子很可能会感到羞耻。我从酗酒者的成年子女那里听到过很多次类似的话。而对于我来说，如果我儿时曾经为某个成年人的行为感到羞耻，如果这个人今天和我坐在一起，我仍然会感觉到沮丧，即便我已经在心理治疗领域实践了多年。儿童更倾向于认为，自己要对被某个成年人虐待、抛弃或伤害的行为负责，甚至认为自己会因此而变成"坏孩子"。我认为我的工作是帮助来访者将指责、羞耻和责任归因于那些行为可耻的肇事者（通常是成年人）。我鼓励我的客户发展和实践自我同情和自我培养，并最终做到自我原谅（如果有必要的话）。

我很感激奥普拉·温弗瑞。自从她的节目在20世纪80年代中期开播以来，越来越多的女性开始接受治疗，以治愈虐待给自己带来的创伤。我相信她鼓励了许许多多女性勇敢地谈论她们的受虐经历。她告诉她们，她们可以从受虐待的创伤中痊愈，她们可以允许自己寻求帮助，她们可以不必再责怪自己。

◊ 羞耻与内疚

羞耻和内疚经常被混淆。当我还是个新手治疗师时，有个同行说："内疚是一种没用的情绪。"我当时就认定他的观点是错误的，并且花了几十年的时间反复研究这种说法。我可以肯定的是，当一个人做错事的时候，感觉内疚是一种合适且合情合理的反应。可我却观察到，当一个人感到内疚时，大多数时候确实是不见成效，浪费精力。因为没有悔恨的内疚是不起作用的，只有感受到悔恨和悲伤，才会为治愈铺平道路。

我遇到过这样一个案例：一位60岁出头的女士因服用过量止痛

药而住院，出院后她来找我进行治疗。她说，她不想再活下去了，因为在女儿小的时候，她的前夫，也就是女儿的父亲对女儿实施过性虐待。她作为母亲没有保护好自己的女儿，虽然女儿现在已经长大成人，但这件事仍然让她感到内疚，而女儿现在也不想和她联系。

她说，这种内疚感多年来一直在吞噬着她，她现在再也无法忍受了。我问她，是无法再忍受内疚感，还是围绕着内疚感而产生的羞耻感。她向我描述了其中的不同："我对自己没保护好女儿而感到内疚，但吞噬我生命的是羞耻感。"我跟她解释说，内疚感就是对自己做了或没做的事情感到害羞和不安。羞耻感是如何感受和评价自己，并不仅仅是评价自己的行为。所以我们不仅会去想或说"我做了一些错事和坏事"，也会评价自己"我是坏人或我是有问题的"。

在来见我之前，这位女士曾试图和女儿沟通，但女儿不愿意再卷入这样一段无休无止又折磨人的关系中。内疚！内疚！耻辱！这些感受吞噬了她。

所以，我问她的问题是："如果能够重来一次，你希望自己可以做哪些和当时不一样事情？"她给了我很多答案，可随后她就会辩解她当初为什么没有选择那样做，并试图将自己当初的做法合理化。

比如，她给出的一个回答是："我想过带着女儿逃跑，但我无处可去。"她那时已经笃定了逃跑这条路是行不通的，我对此也表示相信。（我知道很多母亲就是这么做的——因为感到无处可去，所以选择继续忍受虐待。）

渐渐地，我鼓励她为自己的决定负责。在这个过程中，我支持她承认自己的懊恼——她为女儿、为自己、为当时的情况感到悲伤，这种悲伤的感觉触发了内心的愧疚感，让她感到精神痛苦。她很快意识到，当她向女儿忏悔说"我错了。我是有罪的。我已经尽力了。我没有其他选择。我很抱歉……"她的女儿没有表现出怜悯和悲伤，因为女儿听到的只是空洞的话语，还不足以让女儿和她重新建立连接。我的来访者起初只关注自己的内疚，后来她开始渐渐体会到心中的懊悔以及巨大的悲伤。这时，她意识到自己内在的情绪状态已经发生了变化，并且允许自己更充分地释放悲痛和哀伤。这样，她就能够以一种真实、悔恨和悲伤的态度和女儿交谈，这样做有助于消除母女之间的隔阂，让彼此渐渐接受，从而打开心门顺畅沟通。女儿也开始愿意和她进行一些有限的接触。我鼓励她们去接受家庭治疗，支持她们修复关系。最后，这个案例有了一个"圆满"的结局，对此我感到很欣慰。

对于有些家庭来说，他们的家庭秘密承载着耻辱，在这些秘密和耻辱被家庭成员处理掉之前，秘密带来的尴尬、耻辱和羞愧可能会代代相传。因此，我需要在这里重申一些有助于治愈内疚和羞耻的步骤：

- 将指责、羞耻和责任归罪于那些做出糟糕选择、做出可耻行为的人，这是至关重要的。
- 我鼓励大家学习和练习自我关怀和自我滋养，如果有必要的话，学习如何自我宽恕。
- 如果一个人想要原谅那些做错事的人，那他一定要先宽恕自己，尤其是心怀内疚和羞耻时。如果愿意这样做，原谅他人和修复关系就会随之而来。
- 我认为有必要重复一下我在上一章中说过的话：原谅不意味着忘记，宽恕也不意味着放弃对自己或他人的责任。宽恕行为意味着释放你被某人或某种情况所牵扯而激发的情感能量。原谅是你给自己的礼物。

◊ 甜蜜的秘密和必要的秘密

虽然家庭中隐藏了一些有毒的秘密和危险的秘密,但也有必要的、甜蜜的秘密。

阿克曼家庭与健康中心主任、阿克曼家庭研究所教员埃文·安伯-布莱克[1]总结了"甜蜜的秘密"的概念,并将其描述为:有时间限制的、对别人有益处的秘密。比如,事先藏好的一份礼物,偷偷为某人准备的惊喜派对等这些让别人喜欢的东西[2]。

除了甜蜜的秘密,家庭中还会有一些必要的秘密。我在治疗中见到许多遭受家暴的女性,是她们让我懂得了家庭中还隐藏着一些必要的秘密。比如,她们酝酿中的"逃跑计划"显然是一个不能让施虐者知道的秘密,因为施虐者可能会对她们进行更残忍的虐待。

我也遇到过一些来访者、朋友甚至家人,他们被诊断出患有重病甚至绝症。在让家人知道自己的病情之前,他们可能想自己处理这些事情并制订计划——包括治疗计划、生活计划,以及如何让家人接受这件事的沟通计划。

作为一名治疗师,我不会主动告诉来访者该做什么或不该做什么,而是应该帮助他们认识到自己的选择可能会带来哪些结果。

秘密和拥有秘密的人都是独一无二的。在保守或公开秘密这件事上,没有"放之四海而皆准"的通用方法。如果你对家人隐瞒了秘密,我建议你思考下面的问题:

---

[1] 安伯-布莱克家庭治疗专家,纽约阿克曼家庭中心研发部主任,阿尔伯特·爱因斯坦医学院精神医学教授,著有《生命中的戒指与蜡烛》《家庭秘密与家庭治疗》《秘密,说还是不说》。——译者注

- 这个秘密保护的是谁？是你自己，还是其他人？
- 如果这个秘密被人知道了，最坏的结果会是什么？
- 如果秘密被泄露，会不会弊大于利？
- 如果将那些难以启齿的事情继续隐瞒下去，会造成更大的伤害吗？

如果你知道别人的秘密或错误，可以问问自己下面这些问题：

心里藏着秘密是否给你带来了压力，让你感到精神痛苦？如果是这样，你是否愿意放弃这个背负秘密的复杂角色？也顺便放下这个角色带来的内疚和羞耻？

请记住：在家庭系统中，家庭秘密可能是一股毁灭性的力量。

即便我们对有些秘密并不知情，但它们同样会伤害我们！

深度思考

请各位读者注意：我并不是要求大家在本章末尾探究更多、更深入的问题。我的建议是，如果有秘密（你的秘密或者别人的秘密）正在"吞噬你"，请考虑寻求帮助。你可以和知心朋友分享，也可以向前辈或师长等有阅历的人请教，或者寻求心理咨询。

如果你内心深处有某种"直觉"，觉得家里有一些重要的事情是你不知道的，那就鼓起勇气去问。然而，在这样做之前，你可以先从家人、朋友或专业人士那里获得你所需要的支持。我鼓励你思考一下这个问题：在尊重个人隐私方面，你家里的规则是什么？这些规则对你目前的关系有什么影响？

面对与隐私相关的需求或渴望时，可以试着去确定一些适合你自己的处理方式。诚实地面对这些方式可能会对你的人际关系产生的影响。如果你认为你的"隐私需求"中隐藏了一些与他人相关的事情，你尽量去保守秘密，而不是单纯对某些事情保密。当你尊重自己对隐私的需求时，一定要确保你是在自我关爱。（如果一个人在从事非法活动，或者做对自己或他人有害的事情，涉及这些情形的保密就不属于自我关爱。）

话虽如此，尊重你对隐私的需求和渴望对于维持良好心理健康水平至关重要。这通常需要你在自己和其他家庭成员之间设置明确而坚定的界限。

第八章

故事、神话和仪式的强大力量

探索家庭中的故事、神话和传统仪式，我们会了解和领悟"我"是如何形成的。但有时，我们可以重新修改和撰写这些故事、神话和仪式，为陈年旧事赋予新的意义，摆脱不以自己为中心的剧本，做自己人生的主宰。

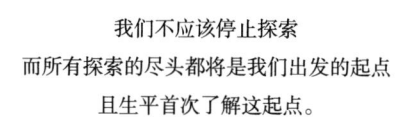

我们不应该停止探索
而所有探索的尽头都将是我们出发的起点
且生平首次了解这起点。
——
T. S. 艾略特
英国诗人、剧作家和文学批评家，
诗歌现代派运动领袖

每个人都会有关于"我是谁"的故事或信念，这些故事和信念都来自我们的家庭。有些故事是关于我们自己的，有些故事是关于整个家庭的。此外，每个家庭可能都拥有自己的家庭神话，它们是家庭成员出于某种目的和需求创造出来的。这些故事和神话可能有现实基础，也可能是一个人凭想象创造出来的。无论这些故事和神话是如何产生的，它们都定义了家庭，影响着家庭成员们如何看待自己与其他人的关系，也影响着人们如何看待自己与世界的关系。在这一章中，我会分享我生活中的一些例子，和大家一起了解家庭故事和神话的力量。

◊ 神话1：她在我出生前就去世了

我从小就没见过外婆，她在我出生前就去世了，我常常为此感到悲伤。尽管如此，我一直觉得她对我的成长非常重要。

有人告诉我：外婆54岁时就过世了；我妈妈在20岁时就失去了母亲。

我母亲很少和别人谈起她的成长经历，但在我眼里，母亲的心中似乎一直藏着一股浓烈的哀伤，因为外婆过世时，我的母亲才刚成年。12岁那年，我们一家去克利夫兰（Cleveland）看望我母亲的姨妈和姨父，也就是我的姨外婆和姨外公，这两位老人知道很多我外婆年轻时的事。姨外公讲述了很多他对我外婆的回忆，并且一直说我太像我外婆了。在后来的许多年里，他的话以一种我无法理解的方式影响着我。

在那幢我三个儿子长大的房子里，我在床头上方挂了一些家庭照片。其中一张是我外婆去世前几年拍的。虽说那个年代只有黑白照片，但我却一直很喜欢这张照片，照片上的外婆看起来美丽动人，她穿着一件漂亮的白色针织连衣裙，将银色的长发高高地盘在头顶。53岁生日那天晚上，我坐在床上看书。这张在我床头上方的墙上挂了几十年的照片，突然掉了下来，正面朝下落在了我的腿上。这时我才发现，母亲在照片背面写下了外婆的出生日期和去世日期。说不清是出于什么原因，我开始计算外婆活了多少岁，还反复算了好几遍。算出结果后，我呆坐在床上好半天才回过神：外婆52岁就去世了。

或许在我生命中的大部分时间里，我都担心自己会和外婆一样英年早逝。毕竟，我的姨外公曾告诉我，我太像我外婆了！可就在那天，我53岁生日那天，我如释重负！我现在感到平静和自由，因为我已经度过了52岁那个充满了宿命色彩的年纪，我相信自己在这个世界上还有很多时间享受生活。

第二天，我为女性举办了一个以"如何改变生活"为主题的工作坊。就在那一刻，我的生活，乃至我的信仰，都彻底改变了。我打破了姨外公那句"太像外婆"的禁锢，以我自己为主题创造了一个超越生死的神话。

在工作中，我经常看到人们相信或害怕他们会和父母或祖父母在一样的年纪离开人世。这可能是一种非理性的恐惧，也可能不是，但我发现很多人都有意识地相信这一点，有些人甚至对此深信不疑。

◯ 神话2：真相还是想象

在我的家庭里，有很多故事和神话影响着我。十几岁的时候，我对宗教研究产生了浓厚兴趣，这给了我莫大的启发，让我开始深入研究家庭宗教信仰。我知道我的爷爷来自一个爱尔兰天主教家庭，我父亲的一些堂兄弟，也认为自己是虔诚的天主教徒，但后来我的爷爷却不再信奉天主教。我向姑姑询问原因，她给我讲了一个故事，这个故事成了我生活的一部分。它影响了我的思想、信仰乃至偏见。

在姑姑去世的前几年，我去探望过她，我那时已经60多岁了。在聊天时，我又和姑姑提起她曾经向我讲述的那个有关家族史的故事。在重温这个故事时，我说我相信这个故事在这些年里一直影响着我的生活。然而，我姑姑已经不记得她曾经和我讲过这个故事，并且还说我讲述的版本中，有些内容是不真实的。可对于我来说，我一生中的大部分时间都对这个故事深信不疑。听罢姑姑的话，我忽然感到困惑和愤怒，因为我清楚地记得当年姑姑讲述这个故事时的情景：我和姑姑坐在一起，她娓娓道来，和我讲了这个故事。我知道这个故事对我来说非常重要，我甚至将它视为神话，因为它在日后指引我成为一名家庭治疗师。而我的姑姑海伦——我父亲的妹妹，也是他唯一的同胞——在我的生活中占据着重要位置。她是一位才华横溢的艺术家，很有戏剧天赋，给我的生活带来了乐趣，也带来了神秘感和新奇感。在我的印象中，她给我讲故事的时候，我还不到20岁。现在，让我澄清一下：我确信有人给我讲过这个故事。然而，当时坐在一起给我讲故事的人，是我的姑姑吗？姑姑的回答让我很疑惑，难道这一切只是我的一个梦吗？

我记忆中的故事是这样的：

我曾祖父一家在南北战争前从爱尔兰移民到美国，定居在印第安纳州南部的俄亥俄河沿岸。

美国内战期间，年轻的曾祖父成了一名军医。战争结束后，他回到居住地，继续在那里当社区医生。曾祖父一家人在当地很受尊敬。作为虔诚的爱尔兰天主教徒，他们一家定期参加弥撒，人们会把靠近祭台最显眼的座位留给他们[1]。

许多年后，曾祖父过世了，留下曾祖母一人。她与另一个男人恋爱、订婚，并打算结婚。然而，与她订婚的男人在他们即将举行婚礼前，不幸死于一场农场事故。可曾祖母很快就发现自己怀了他的孩子。在那个年月里，这简直是天大的丑闻（天主教不允许婚前性行为，因此未婚先孕是触犯了宗教教义，会被人耻笑）。于是，教会里的乡邻们不再像往日那样尊敬曾祖母一家，弥撒时也不再把好座位留给他们。

我记得姑姑曾经告诉我，在这件事之后，曾祖母的一个儿子，也就是我爷爷的弟弟，因为无法面对这接二连三的打击，悲痛欲绝地自杀了。这就是为什么我的爷爷不再是一个虔诚的天主教徒，甚至不再相信上帝。

当时，作为一名即将进入大学的年轻女孩，这个故事在很多层面上影响了我，我已经敏锐地意识到世界上存在着如此多的不公正。毕竟我是在20世纪60年代长大成人的，那时的社会已经非常包容和开放，人们有了更多独立、自由和人性化的观念。读中学时，我就喜欢学习社会学和心理学，对心理健康和情绪健康的课题兴趣浓厚。同时，

---

[1] 天主教传统，参加弥撒时，坐得离祭台越近，越能全心参与仪式、专心听神父讲道，通常这样的位置会留给地位尊贵的家庭。——译者注

我也热衷于与不公正作斗争，对虚伪嗤之以鼻。

在姑姑的生命快走到尽头时，我再次和姑姑提起这个家庭故事。她告诉我，她的父亲并没有一个自杀的弟弟。除了这件事，她认为这个故事其余的部分都是非常准确的。

后来，我发现我记忆中的故事是不准确的，但它依旧影响着我的世界观以及我对宗教的领悟。很多时候，我们会把生活放置在我们自己编织和想象的神话中。有时候，我们听到的内容，未必是这个故事最初的版本。这些口口相传的故事可能确有其事，也可能只是传说，但它们最后却可以变得像传奇一样。无论神话是源于现实还是源于创造，都会对我们的生活产生巨大的影响。

对我来说，我家的这两个故事已经具备了神话的意义，并且对我的生活产生了巨大的影响。家庭故事可能是真实的，也可能是虚构的。故事之所以能够成为神话，是因为人们欣赏它们的传奇色彩，因此也就不再去纠结叙事的准确性。

在家庭中，那些代代相传的故事和神话能影响和支配我们如何思考和感受我们是谁，也能影响和支配我们如何看待生活。这些故事和神话可能会在几代人甚至很多代人之间传承。我相信，人类渴望拥有意义，也渴望了解我们是如何融入这个世界的。家庭所拥有的故事、神话、传统和仪式深深吸引着我们，是我们生命中不可或缺的一部分，因为它们就像人生舞台上绚丽的背景，让我们在其中演绎人生，探索世界。

我们需要去觉察并理解家庭故事和家庭神话是如何影响我们的，这能让我们自由地接受或拒绝"我们是谁"以及"我们选择做什么"。

◊ 遗产的力量

在前一章中,我介绍了家庭遗产的概念——家庭中关于"如何成为一个人","如何生活、思考和感受"的期望和规则。家庭的遗产会受到家庭神话的影响。

我们对自己以及对人际关系的看法和感受,都是基于别人告诉我们或我们告诉自己的故事。如果我告诉自己"我不可爱",那么我的脑海中就会浮现起和"我不可爱"这一信念有关的记忆,以及我围绕这些记忆创造出来的故事,而这些故事又会证实我的信念。如果我告诉自己"我不能相信男人／女人,或者权威人物",那么我就会创造和回忆与之相关的故事,并且证实我的信念。同样,如果我相信自己是一个好人,我就会回忆起我行善助人的事情,并给自己讲故事来支持这个说法。

我们从家人那里学到故事和信念,这些故事和信念引导着我们如何适应环境;这些故事和信念拥有强大的力量,可以减轻我们的痛苦,帮助我们克服生活的困难,支撑我们从伤痛中恢复。

我选择在一家非营利性的社区咨询中心从事心理治疗工作。这个治疗中心的理念是为个人、夫妻和家庭提供高质量的治疗,而在治疗费用方面则是根据每个家庭经济条件视情况而定。

我在这个中心工作了半个世纪之久,迎来送往许多优秀的同事。而在最近十几年,除了一些退休的同事,大部分辞职的同事都开始自立门户,创办了自己的心理咨询机构。我经常考虑是否要成立自己的工作室,因为我知道这是一个利润丰厚的工作。然而,我始终没有将这个想法付诸行动。有一件事我十分肯定:我对非营利中心如此忠诚和坚定的原因之一,是我家庭中另一个颇具传奇色彩的神话。

卡尼杂货店

我在印第安纳州中部的一个小镇长大，我的奶奶在那里开了一家以家族姓命名的杂货店——卡尼杂货店。我对那家杂货店已经没有什么印象了，因为它在我还是个婴儿时就关闭了。杂货店所在的那幢楼至今还在我爷爷奶奶曾经住过的街道的拐角处，那里后来成了我叔叔婶婶的家。杂货店之所以歇业，是因为爷爷奶奶的年纪越来越大，而他们的下一代对经营杂货店并不感兴趣，店铺找不到继承人。同时，连锁小超市也开始在全国各地的小城镇涌现，传统的夫妻杂货店越来越难以生存。

卡尼杂货店对我爷爷奶奶的六个孙子孙女都产生了影响，尽管杂货店关门时，我们中最大的还没上小学。对于我来说，影响力最大的莫过于我从外人口中听到的有关杂货店的故事。在我十几岁的时候，我遇到了几个经历过经济大萧条或第二次世界大战的人，当我向他们介绍自己时，他们脸上立刻出现了肃然起敬的表情，并且还会问我是不是乔·卡尼家的亲戚。我会回答："是的。我父亲是小乔·卡尼，我爷爷是老乔·卡尼。"随后他们还会问，是不是开"卡尼杂货店"的乔·卡尼家。

当我回答"是"时，他们就开始给我讲故事。我得知了我爷爷奶奶在"大萧条"和"二战"期间送给他们一些生活必需品，尽管他们当时口袋空空，根本没钱付账，我的爷爷奶奶告诉他们不必太放在心上，他们会记在账上，等有能力时还上就可以了。这些陌生人告诉我，当年如果没有我爷爷奶奶慷慨解囊，他们可能会全家挨饿。还有一个人告诉我，我的爷爷奶奶将他家欠的钱一笔勾销。后来，当爷爷奶奶经济上出现问题时，那些人纷纷用自己的财产和贵重物品帮助爷爷奶奶抵债。我记得奶奶曾经对我说过，能有机会在那个悲伤和困难的时期帮助那些需要帮助的人，她非常欣慰，她心里一直感激自己能有机会帮助别人。我的爷爷奶奶不仅给那些饿肚子的人提供食物，他们还把自己的家作为避难所，为那些无家可归的人提供住处。有些人会留下为数不多的一点钱；有些人即便身无分文爷爷奶奶也不计较。

这个神话成了我们卡尼家的座右铭：在别人需要帮助时雪中送炭，不要计较回报。因此，我多年来坚持在一家非营利性的咨询中心从事心理治疗工作，也就不足为奇了。

家庭故事和家庭神话往往传达了家庭成员视若珍宝的价值观。比如，我父亲最推崇、最常挂在嘴边的价值观之一就是正直。每当我想起父亲时，就会想起他身上正直的品质，也会想起一个发生在父亲身上的故事：父亲年轻时在家里的杂货店工作，跟供应商很熟络。有一次，一个供应商告诉他，有一家软饮料公司要在我们镇上建一个饮料分装厂，并问我父亲是否有兴趣拿下这个工厂的特许经营权。（我不确定当时工厂的经营管理模式是否为"特许经营"，也不确定当时对这种经营管理模式用什么术语称呼。）如果我父亲抓住了那个机会，我们就会变得相当富有。

我父亲拒绝了这个机会。他拒绝的部分原因是他认为这种饮料对人体有害。他说，做人要讲良心，所以他不能生产和销售这种饮料，哪怕是放弃眼前的巨额利润。

后来，这家分装厂就建在我家附近，我们每天都会路过那里。拥有这家工厂的家庭变得相当富有。我记得自己当时总觉得父亲做了一个愚蠢的决定，没有抓住摆在眼前的机会。可后来我才渐渐明白，一旦父亲抓住了这个机会，他就不得不放下他的正直，违背自己的信仰体系。对于父亲来说，重要的是他的行为举止与他的价值观和信仰保持一致。这个故事是关于正直的，我把它记在心里，而正直至今也是我最珍视的价值观之一。

我之所以将这几个故事拿出来和大家分享，是因为我相信它们呈现了家庭故事和神话在我们一家人的生活中发挥的力量，无论它们是事实还是传说。

◊ 家庭格言

有时候，家庭神话会让一个家庭形成自己的"格言"。但在我的家庭中，似乎有许多格言在影响着家人的生活方式，这一点让我觉得很有意思。

"施比受更有福。"

"挣多少，花多少。"

"诚信高于一切。"

"防患于未然。"

我妈妈最喜欢说的一句话是："今天就是你昨天担心的明天。"这句话暗含着我妈妈的信念：过度担心会浪费人的时间和精力。我很感激自己在小时候就懂得了这个道理。

这样的例子不胜枚举。当我探索我们家族赖以生存的格言源于何处时，我发现许多格言都脱胎于我家代代相传的故事和神话。

然而，当我观察今天的新式家庭时，我发现分享家庭神话和故事已经不像从前那样常见，大家似乎都对那些小玩意儿（平板电脑和手机）或巨大的电视屏幕中展示的故事更感兴趣。不过，我必须承认的是，这些小机器可以传递海量信息。比如，当我6岁的孙子执意要教授我希腊神话和星座的知识时，我发现他就是从小机器里学到的。这一点让我印象很深刻。

尽管这样，我还是恳请大家关掉手里的机器，多沟通交谈。如果你已经当了父母或祖父母，那你可以尽情地和孩子分享你的故事和神话。当然，有时候你可能会一遍又一遍地和孩子们讲你自己的故事，孩子们可能也会听得耳朵起老茧。

不管怎样，还是需要分享家庭中的神话和故事。我们可以等到二十年后再看看孩子们对这些故事和神话作何感想。

○ 家庭的仪式和传统

"传统"的定义：

1. 代代传承的、确立已久的、特有且典型的思想、行动或行为模式
2. 与过去有关的信仰、故事；与过去关联较少的信仰或故事，虽然无法证实，但因为被广泛流传，所以通常被认为是基于事实的
3. 在没有书面说明的情况下，通过口口相传或言传身教所传递的信息、信仰和习俗[1]

仪式扎根于传统。我们所经历的生命周期的转变，如出生、毕业、结婚和死亡等，都充满了仪式体验。参加仪式有助于缓解我们在变化发生时体验到的焦虑。而每种文化和宗教都有其特定的传统和仪式。在这个瞬息万变的世界里，传统为我们提供了稳定感，也提供了认同感和归属感。仪式强大且有意义，因为它们点燃了我们内心深处超越

语言和行动的东西。这些东西颇具神秘色彩，有时甚至会上升到玄学或宗教层面。

当然，传统和仪式未必对所有参与者都有重大意义。有些人会将这类事情视为一种充满压力的义务，甚至还将其视为不祥之兆。

传统和仪式之间有很多重叠之处。传统中通常包括一些仪式，这些仪式对体验是必不可少的。传统通常代代相传，反复被实践。尽管仪式可能是传统的一部分，但它们也可能是一次性事件。

我是一个重视传统的人。我现在居住的房子坐落在一条小河边。当我刚搬到这里时，河岸上生长着一棵美丽的老橡树，它那茂密的树枝垂到河里，我给她起名叫树奶奶。夜里睡不着时，我会坐在一张舒适的椅子上，透过窗子望着远处的树奶奶那被夜空映衬的婆娑身影。我感觉自己和她很有默契，她的出现安慰了我，也鼓舞了我。

几年后的一个晚上，树奶奶的生命结束了，她倒在了河水里。她周围的其他乔木和灌木都没有受损，她似乎想要在生命终结的那一刻继续保持优雅。她的根还留在地上，所以并没有对河岸的地基造成任何伤害。我当时很想为树奶奶创造一个仪式，这场仪式对我很重要。我想借此来纪念她多年来的奉献，纪念她宁愿投身于河底也不愿倒在岸边，仿佛在拼劲最后一丝力气保护那些和她并排站立、比她矮小的树木。

我请一位研究美国本土文化的朋友帮我设计了一个仪式。在仪式上，我们燃烧鼠尾草，轮流向树奶奶吹木笛，为树奶奶唱歌，祝福树奶奶和她美丽的能量。虽然我内心悲伤，却感到完整。很荣幸，我见证了树奶奶的存在，而树奶奶也成为我生活中重要的一部分。

在工作中，我也会鼓励来访者设计仪式来帮助他们尊重自己和他人，或者尊重一件事、一个人生的必经阶段。创造仪式的一个重要作用是尊重过去的同时，也能让自己尊重现在和未来。我会邀请来访者们尽可能多地调动自己的感官，因为我相信这有助于在仪式的体验中得到真实感，而不仅仅是"表演"仪式。

我曾经接待过一位刚离婚的女性来访者，她为自己举办的仪式让我这些年来一直记忆犹新。这位来访者只有一个儿子，儿子和她一起度过离婚后的第一个圣诞节后就要去和父亲一起生活了。她开始对接下来的所有圣诞节都充满了恐惧感，因为以后的圣诞节儿子就要和父亲在一起，而她就要独自过节。这种想法让她伤心欲绝。我鼓励她先想办法照顾好自己，并且和她一起探索了很多方案。我的来访者决定，与其躺在床上用被子蒙住头，不如创造一场仪式。她很清楚自己不想和其他家庭成员或朋友一起过圣诞；她知道自己需要独处，因此她决定创造出一些独特的、适合自己的东西。她准备了一些适合圣诞节的电影，还准备了蜡烛、围巾和其他必需品，选择一个车程适中的海滩，准备在那里为自己创造一场仪式。

在那年圣诞节前，我们又进行了一次访谈，我觉得她已经做好准备，可以一个人度过圣诞节，尽管这期间她的心情可能会很沉重。

圣诞节之后的访谈中，我又见到了这位来访者，她当时看起来平静且满足。她告诉我，她独自一人在空旷寂静的海滩上为自己创造了一场唯美的仪式。她点燃蜡烛，编了一支舞蹈，在烛光中挥动着围巾翩翩起舞。当她在迎着海风无拘无束地跳舞时，她呼吸着海边的空气，感受着大地母亲支撑着她的双脚。她听见海浪的声音，看见海面浪花翻滚，她能感觉到阳光照在脸上的温度。她对这段经历的描述让我看见了仪式带给她的转变：在仪式的帮助下，她已经从一个已婚的全职妈妈，蜕变为一个离婚的兼职妈妈。这个转变对她有着重要的意义。这位来访者仪式性的转变至今仍然激励着我。

尽管仪式和传统意义深远、内容丰富，但在某些情况下，家庭传统会给人带来压力。传统带来的压力表现在许多不同的方面。在治疗中经常出现的一种情况就是，两个来自不同文化背景、有着不同家庭传统的人组建家庭（我一直认为，每对夫妇都是由两个来自不同文化背景的人组成的）。这对夫妇需要确定一件事：作为一个新组建的家庭，他们在未来经营自己小家庭的同时，该如何与各自的原生家庭保持联系。新婚夫妇需要协商他们将如何参与各自原生家庭的旧传统，以及他们要为自己的小家建立哪些新传统。

新婚夫妇不仅要确定如何参与和融入对方的家庭，还要就他们从各自家庭带来的传统和仪式达成一致。比如有这样一对夫妇，其中一方的原生家庭非常重视生日，并且会在生日当天举行隆重的庆生仪式；而另一方的家庭却一向以非常低调的方式庆祝生日，而且通常不在生日那天庆祝，那么这对夫妇很可能会在庆祝生日这件事上遇到一些困扰。

原生家庭庆生方式的差异可能会在这对夫妻间引起矛盾甚至制造距离。认为生日无所谓的伴侣如果忽略了生日庆典，重视生日的那一方可能会伤心。重视生日的人可能会找各种理由说服自己不要感到失望、悲伤或愤怒，他可能还会以一种孩子气的方式给这些感觉贴标签。然而，尽管他努力去平复自己的心情，但这种感觉可能会继续存在。当经历这种失望时，不理睬对方、疏远对方甚至攻击对方是很常见的。重视生日的人很可能会用板着脸（保持距离）或批评（攻击）的方式来表达自己的失望，但这种方式会把对方推得更远。这样的应对方式可能会在这对夫妻中间制造距离和痛苦。这对夫妻需要同情和理解，也需要合作和协商的意愿，他们需要确定如何融入对方原生家庭的传统，也需要确定如何创造自己小家庭的传统。

◊ 有关丧失的仪式和传统

尽管文化、宗教以及家庭的传统和仪式都会涉及一个人的死亡，但其他类型的丧失也需要被重视，我们要找到合适的方法来承认生活中所遇到的其他丧失。每当我们面临生命周期中的转变阶段时，即使未来前景广阔，也会有可能面对丧失。一个从单身走进婚姻的人可以为婚姻带来的承诺而欣喜若狂，但有得就有失，他可能在这个过程中也放弃了一些东西，可能是自由，也可能是一些无关紧要的小事，比如用爆米花代替晚饭。在我周围，居然有很多单身女性以爆米花为晚餐，这一点让我很惊讶，但我还没有遇到过有哪对夫妇告诉我他们晚餐吃爆米花。当然，这样的事情也有可能发生，只是我没有听过。

我还可以举出一些其他类型的丧失，比如：失去心爱的宠物；丢失工作——失业可能会让人失去自我认同的感觉；失去一段重要的关系；失去青春（衰老）；以及失去梦想……生活中可能遇到很多丧失，我们很难将它们面面俱到地列举出来。

在西方文化中，人们更倾向于将丧失最小化。失去梦想就是我们所经历的许多被人为最小化的丧失之一。我们都有关于未来的梦想，有些梦想可能涉及恋爱、生子、创造有意义的东西，或者完成一个目标。当我让来访者意识到，他们当下的抑郁体验可能与他们没有承认或允许自己为某些丧失去悲伤时，他们通常看起来既困惑又惊讶。如果他们正在经历和梦想有关的丧失，他们通常会对我说，"我怎么可能为了从未拥有过的东西而悲伤"？梦想占据着一个人的内在空间，消耗着一个人的能量，它是一个人对未来的情感投资。例如，那些反复经历了人工授精却没有成功生子的个人和夫妇往往会体验到巨大的损失和悲伤。

正如我们在前文中叙述的，生命周期的转变有些是预期之中，有些是意料之外的，人们已经围绕这些转变建立了许多仪式或传统，以便促进这些转变的完成。此外，还有一些特殊的生命周期转变。安伯-布莱克列举了一些特殊的生命周期转变：

> 跨文化婚姻，男同性恋或女同性恋的婚姻；通过收养组建家庭，特别是在其他家庭成员公开支持或暗示不支持时；通过医学技术生育孩子；家中有残疾儿童出生；未婚人士生下孩子或收养孩子；流产；因住院、监禁或恐吓而被迫分离，以及经历这些分离后的团聚；移民；……非婚姻关系的终结；寄养和寄养后的团聚；突然、意外或暴力死亡，包括自杀[2]。

安伯-布莱克列举的情况可能会随着时间的推移而变化，因为它们会受到社会变迁的影响。很多人在经历特殊的生命周期事件时可能会遇到困境，并感受到压力、悲伤、愤怒和困惑，因此我们可以选择在这时接受心理治疗。

哀伤可能是个人的旅程，也可能是所有家庭成员共同的过程。无论是哪种情况，重要的是让这个过程顺其自然。我们无法"克服"哀伤，但我们都会挺过去。从悲伤中走出来需要时间，这一点可能因人而异。当家中有亲人去世时，每个家庭成员都会以不同的方式表达他们的哀伤，并在不同的时间框架内度过他们的哀伤。虽然这些差异会在家庭成员之间引发紧张和沮丧，但我们很难确定哪种方式才是度过哀伤"正确的方式"。在哀伤的过程中，理解并耐心对待自己和他人是非常重要的。我们可以将分享仪式当成治疗过程中的一个重要方面。"过程"是此处的关键词，因为我们很难"一步到位"将哀伤彻底处理!

曾经有个来访者对我说:"我不知道该如何悲伤。"我给他的回答是:"其实你知道,因为你是有血有肉的人。生而为人,我们都知道如何悲伤。你不要憋在心里,放手让自己去体验悲伤。"

如果悲伤的仪式来自文化、宗教或家庭,那么你可以根据自己的情况,选择一种适合自己的个性化方式,如果这种方式对你有意义,那么它可能就是对你最有帮助的方式。如果这个仪式是你为自己创造的,又或者是你和其他人一起创造的,不妨找个没人的地方坐下,花点时间思考一下:在这段经历中,什么是你最想要的,以及什么是你最需要的。

给自己一些时间和空间去悲伤。

记住,悲伤会耗尽你的精力,可能还会让你感到找不到方向,这些都是人之常情。对自己和他人都要有耐心。重要的是不要因为陷入悲伤而无法前进——如果我们试图压抑悲伤,就可能会发生这种情况。为了走出悲伤,我们需要承认并感受它。

当悲伤来袭时,我们可以为自己寻找一些支持。我们可以与其他生命保持连接,比如与周围人交流、和宠物在一起、照顾植物等。我们也可以通过艺术、音乐和写作来表达悲伤,这些都是很有用的方式。

在面对生命周期的转变时,我们中的许多人常常没有用明确的、传统的方法来支持自己。作为一名治疗师,我很荣幸自己能帮助来访者创造和设计有意义的仪式,并用这种方式支持和促进他们完成正在面对的转变。

仪式可以帮助我们过渡和成长,也可以让我们和周围的事物建立连接。我们可以创造仪式,但也要珍惜仪式!因为它们是一个人的精神供养。

◯ 意义

我们要探索自己家庭中的故事和神话,还要探索它们是如何影响自己的。这样做可以更加深入地理解和领悟自己是如何成为现在的样子的。比故事和神话本身更重要的是我们赋予它们的意义,这是一件积极的事情。我们也许有能力改变一个家庭神话或故事,也许没有能力去改变它们,但我们有能力决定要赋予这些神话和故事什么意义。

我想起了黑人女作家玛雅·安杰洛(Maya Angelou)的一句话:"你可能无法控制那些发生在你身上的事,但你可以选择不被它们拖累。"

一位50多岁的男性来找我做治疗,他正处于严重的抑郁状态。和往常一样,我对他的家族史进行了详尽的调查。在搜集家族史时,我经常会询问来访者:你的家人是否和你讲过家里的神话或者重要的故事。这位来访者给我讲了一个故事,故事传达了这样的信息:生活就是一次又一次的斗争;斗争接连不断,根本没有喘息的时间。

当他继续谈论他生活中发生的事情时,我联想到那个"扔鞋子"的故事:故事中的人听到第一声扔鞋声后,一直在苦苦等待第二只鞋子扔下来。很明显,他生活在一种焦虑的状态中,因为他一直在等待"另一只鞋掉下来"。这种焦虑的状态又让他陷入了深深的抑郁。当我们探索这一现象时,他开始意识到他的生活中根本没有快乐的空间。他过于关注眼前可能出现的灾难性未来,而忽略了当下可以享受快乐的时刻。

他把家人的故事真正放在了心里。他的家人从自己的角度出发,给移民的艰难处境和家庭成员过早死亡这类悲伤故事赋予了意义,而我的来访者照单全收,接受了这些故事的意义。尽管故事中讲述的家庭历史可能未必真实，但他作为家庭中的一员，的确会去感同身受故事中透出的悲伤。

随着治疗工作的展开，他渐渐地能够把历史视为发生在过去的事情。他也确定了一件事：家人为生活赋予的意义是属于家人的，而不是他自己的。他决定不再把"生活"看成一场又一场的斗争，也不再认为生活中充满了艰难困苦。现在，他决定为家庭故事赋予新的意义：这个故事只是讲述了家庭历史上一个悲伤而艰难的时期。他决心不再把这个故事当作对未来的指导。

渐渐地，他允许自己活在当下，并悟出了这样一个道理：对未来的生活忧心忡忡会让人焦虑，对过去的生活念念不忘会让人沮丧。于是，我和他一起研究如何改变自己的想法和行为，帮助他减少焦虑和抑郁，支持他更好地活在当下。因为家庭中的故事永远不会结束，所以我鼓励他有意识地继续撰写他的故事，并给故事赋予能安慰他、激励他的意义。

在我们有能力解放自己之前，我们需要先思考自己想要从哪些事情中将自己解放出来，然后，再宣布这个被解放的自我只属于自己。这让我想起了美国作家托妮·莫里森（Toni Morrison）的小说《宠儿》：女主塞丝为了摆脱自己的黑奴身份一路逃亡，不断地体会着如何赢得自我以及如何主宰自己的生活。书中有一句话非常值得品味："解放自我是一回事，赢得那个解放了的自我的所有权却是另一回事。"

创造和发展新故事，或者为现有的故事赋予不同的意义，每个人都有能力把自己从那个不以自己为中心的剧本中解放出来。

故事、神话和仪式

1. 找出一些你家庭中的故事和神话。它们是如何影响你的？你希望改变你或家人曾经赋予这些故事的意义吗？如果是的话，你会给它们赋予哪些新的意义？
2. 你从家人那里学到了哪些"格言"？在这些格言中，哪些是你想遵循或不想遵循的？除了家中的格言，你还想采纳或者已经采纳了哪些格言？
3. 在你的家庭中，有哪些重要的传统和仪式？对于你来说，哪些传统和仪式至今仍然很重要？哪些已经不再有意义？
4. 你已经建立或想要建立什么新传统吗？
5. 你设计或参与过有助于你成长和恢复的新仪式吗？
6. 如果你想要创造一种新的仪式，这个仪式会包含哪些东西呢？

愿力量在你的生命中流淌

后　记

我的导师理查德·E.费尔德（Richard E. Felder）经常说："所有的治疗不都是家庭治疗吗？"

我非常赞同这句话。没错！所有的治疗都是家庭治疗。

没有人可以完全独立。生物学基础决定了我们从出生时起就需要关系。我们被别人影响，我们也影响着他人。

心理治疗的目的是帮助来访者成长、改变和治愈。人本主义心理学流派创始人卡尔·罗杰斯（Carl Rogers）认为，我们人类的成长能力和自愈能力是与生俱来的[1]。因此，人本主义理论和家庭系统理论并不赞同完全从病理或疾病角度理解病人。相反，人本主义疗法和家庭治疗认为，来访者是有能力的人，他们在努力追求完整；过去和现在的关系对他们既有帮助也有阻碍。换言之，家庭系统理论认为人类内心的痛苦是关系模式和经历共同作用的结果，这种痛苦并不亚于疾病或缺陷给身体带来的疼痛，有时甚至比身体上的疼痛更加让人难以忍受。

本书介绍了一些家庭系统理论的基本原理，希望它们能帮助你了解你的家庭系统是如何运作的。这些关于家庭的知识和感悟将帮助你唤醒你的力量，让你成为想要成为的人，无论是关于人际关系还是关于内在和心灵。而我想要达到的最终目标是让大家通过理解自己与家人的关系来更好地了解自己的内心世界。

我鼓励大家在合上这本书后,继续探索自己和家庭。当然,我也支持大家找一位具有系统视角的治疗师一起工作,进行个人、夫妻或家庭治疗。

最后一个问题:我想知道读完这本书的人当中,有谁的家庭曾经教会你自我意识是有用的?如果没有,你觉得你是如何开始重视自我意识的?

我们在人生的迷宫中穿行,折返到起点不断探索,再带着领悟回到现在,这让我们能够有意识地构建一个更令人满意的未来。

最后我还想提醒大家,我们只是进入迷宫进行简短的拜访,因此不要让过去和未来把你困在迷宫中。我们有力量活在当下,让自己自由地体验生活。

19岁那年,有一天我忽然想穿越印第安纳大学那广阔的校园,去学校的另一端看看。一个骑摩托车的男孩问我要不要搭车,我猜他是我的同学。在那个年代,搭陌生人的顺风车是一件很平常的事,当时的人们并不会像今天一样认为搭车是一件危险的事。我欣然接受,他带我去了我想去的地方。我下了摩托车,向陌生人道谢。他什么都没说,而是递给我一首打印好的诗。这首诗我随身带了很多年,也经常和来访者分享,尤其是最后一行。

全心全意过好每一天

全心全意过好每一天
充分享受你生命中的每个小时、每一天、每一年
这样你就可以自信地向前看

即便回首往事也不会感觉遗憾

做自己，做最好的自己

敢于与众不同

敢于追随为自己引路的星辰

快乐不需要理由

享受世间的一切美好

爱要毫无保留

相信你爱的人也一样爱着你

忘记你为朋友付出的

记住他们为你付出的

不要计较世界亏欠了你什么

看看你需要为世界做些什么

如果你需要做决定

那就尽可能做个明智的决定——然后就把它放下

这个世界上，从来就没有绝对的事

——S. H. 帕耶

写给治疗师的话

这本书里提到的家庭治疗的概念只是冰山一角，我对理论背后浩如烟海的文献资料进行了精简和浓缩，还有很多概念和理论我并没有收录在书中。因此，我鼓励大家深入研究一下自己感兴趣的理论。

如果你还没有学习过卡尔·罗杰斯的人本主义心理学，我强烈建议你去研究一下。我不确定大学是否还将其当作一门课程来教授。如果没有卡尔·罗杰斯的理论作为我与来访者工作的核心理念，我很难想象自己作为治疗师该如何开展工作。

术语表

Acting out（行动化/行动扮演）：被认为有问题的行为，通常是无意识的感觉或紧张所引发的内在压力和冲动的行为表现。

Attachment Theory（依恋理论）：描述人类之间长期和短期关系动态的心理学模型。

Autonomy（心理自主性）：拥有自己的思想、感情和行动的自由。

Boundary（边界）：家庭内部各子系统之间，以及家庭与外部世界之间的抽象分界。

Closed system（封闭系统）：抵制与系统外的其他人互动。这种对变化的抵触增加了系统中一个或多个个体在精神上、情感上和关系上遭受痛苦的可能性。

Differentiation of self（自我分化）：将自己的理智和情感功能与家庭分离，从而能够识别自己的想法和感受，并做出尊重自我的选择。

Dyad（轴）：家庭中两个成员之间暂时或长期的关系。

Dysfunction（功能失调/失能）：应对能力受损，尤其是面对压力时。

Emotional cutoff（情感阻断）：通过情感退缩或逃避来否认

未解决的家庭情感联系的重要性。

Enmeshment（过度纠缠）：在边界模糊的家庭系统中，家庭成员过度参与彼此的生活，使个体化和自主性变困难。

Extended family（大家庭）：指除了父母及其子女组成的核心家庭以外的家庭成员，如祖父母、阿姨、叔叔和堂兄弟姐妹等组成的家庭单位。

Family life cycle（家庭生命周期）：家庭系统在家庭成员的发展过程中所经历的发展阶段。

Family of origin（原生家庭）：一个人出生和成长的家庭。

Family Systems Theory（家庭系统理论）：心理学理论之一，认为家庭是一个由环环相扣的关系组成的情感单位。家庭系统理论从历史和代际的角度来理解家庭，侧重于研究家庭中的关系动态以及家庭在权威等级和功能方面如何组织自己。

Fusion（融合）：家庭成员相互之间理智和情感功能界限不清，家庭成员之间不分彼此。

Genogram（家谱图）：家庭关系系统的图形展示，包括至少三代人反复出现的跨代行为模式和遗传倾向。

Identified patient（指定的病人）：家庭问题的呈现者，被家里的其他人认定为病人，并且正在寻求治疗。

Intrapsychic（内心）：发生在一个人思想层面或心理层面的事情，特别是当这个人正在处理内部冲突所产生的张力时。

Nuclear family（核心家庭）：由父母中的一方或双方及其子女组成的家庭，他们共同生活或作为一个家庭单位发挥功能。

Power（权力）：对结果产生影响、施加权威和进行操控的力量。

Reframe（重构）：从更积极的角度描述感知到的问题行为，从而为行为赋予新的含义。

Rituals（仪式）：为纪念生活中的重要事件或转变而设计的活动。

Scapegoat（替罪羊）：为家中其他人的不道德行为、错误或过失承担责任的家庭成员，通常是被家庭指定的病人。

Sibling position（手足位置）：家庭中孩子的出生顺序，会影响他们的性格以及他们现在和将来如何与自己和他人相处。

Structure（结构）：家庭中界限和等级的组织形式。

Subsystem（子系统）：在一个更大的系统中有自己特定功能和角色的组织。

System（系统）：拥有相互作用的单元或组成部分的组织。

Transgenerational pattern（跨代模式）：发生在几代人之间的模式或行为过程，例如从一代传到下一代的信仰、行为、互动模式，或被指定家庭角色和功能。

Triad（三人组）：三个人的关系。

Triangle（三角关系）：当两个人的情感系统受到压力时，会招募第三个人来稳定二人关系，从而形成的三人组。

Triangulation（三角化）：当两个人之间的关系出现压力时，招募第三个人来稳定关系、降低二人关系中的焦虑程度，这就是关系的三角化。

注释

第二章 家庭如何塑造人

1. 莫妮卡·麦戈德里克,兰迪·格尔森,《家谱图——评估与干预》(纽约:W.W. 诺顿出版社,1985)。

2. 萨尔瓦多·米纽琴《家庭与家庭治疗》(剑桥,马萨诸塞州:哈佛大学出版社,1974)。

第三章 健康沟通的四要素

1. 保罗·瓦茨拉维克,珍妮特·比文·巴维拉斯,唐·杰克逊,《人类沟通的语用学:一项关于互动模式、病理学和悖论研究》(纽约:W.W. 诺顿出版社,1967)。

2. 弗吉尼亚·萨提亚,《新家庭如何塑造人》(帕洛阿尔托,加州:科学与行为图书,1972),第 30 页。

3. 弗吉尼亚·萨提亚,《新家庭如何塑造人》。

第四章 独立又紧密

1. 约翰·宾-霍尔,《叙事观念的演变:家庭神话故事的修订》,《家庭治疗杂志》,第 20 期,第 2 卷(1998 年 5 月):133-142,doi.org/10.1111/1467-6427.00074。

2. 约翰·鲍比,《依恋与丧失》,第一卷:《依恋》,第二版(纽约:基础图书,1969)。

3. 丹尼尔·J·西格尔,《心智成长之谜:走向人际体验的神经生物学》(纽约:吉尔福德出版社,2012)。

4. 莫瑞·鲍文,《临床实践中的家庭治疗》(纽约:杰森·阿伦森,1978)。

5. 这句话通常被认为是维克多·弗兰克尔说的,我已经听到过很多次,也在各种出版物上读到过很多次,但似乎没有确凿证据证明这些话就是弗兰克尔所说的。当然,弗兰克尔的作品包含了这句话的"含义"。既然这是我最爱喜欢的语录之一,所以就想在这里和大家分享一下。

6. 罗伯特·瓦尔丁格,《是什么造就了美好的生活?历时最久的幸福研究告诉你答案》,2016年1月25日,TED 视频,12:46,youtube.com/watch?v=8KkKuTCFvzI。

第五章　伤人的"三角"

1. 莫瑞·鲍文,《家庭理论在临床实践中的应用》,载于《改变家庭:家庭治疗读本》,杰伊·海利主编(纽约:格鲁内&斯特拉顿,1971),163–71页。

2. 丹尼尔·J·西格尔,《心智成长之谜:走向人际体验的神经生物学》(纽约:吉尔福德出版社,1999)。

3. 海因茨·安斯巴彻&罗威纳·安斯巴彻编,《阿尔弗雷德·阿德勒个体心理学:作品选集系统介绍》(纽约:哈珀·永生出版社,1964年)。(本书无中文译本)

第六章　亏欠

1. 伊凡·博斯佐门尼-纳吉 & 杰拉尔丁·M·斯帕克,《看不见的忠诚：代际家庭治疗中的相互作用》(马里兰州：哈珀 & 罗出版社, 1973 年)。

2. 肯尼斯·G·肯德勒, 克里斯托弗·G·戴维斯 & 罗纳德·C.凯斯勒,《全国共病调查中的精神病学和物质使用障碍的共同家族聚集：家族史研究》,《英国精神病学杂志》第 2 期 第 6 卷（1997 年 6 月）170 页：541-48,doi.org/10.1192/bjp.170.6.541。

3. 伊丽莎白·库伯勒-罗丝,《论死亡与临终》(纽约：麦克米伦出版社, 1969 年)。

4. 菲利普·J. 盖林等,《婚姻冲突的评估与治疗：四阶段疗法》(纽约：Basic Books, 1987)。

第七章　家庭的秘密

1. 奈玛·布朗-史密斯,《家庭秘密》,《家庭心理学期刊》19 期 第 1 卷（1998）: 20-42, doi.org/10.1177/019251398019001003。

2. 埃文·安伯-布莱克,《为新的生命周期过渡创造有意义的仪式》, 出自《扩张的家庭生命周期：个人、家庭和社会视角》第 3 版, 贝蒂·卡特和莫妮卡·麦戈德里克主编（波士顿：阿林 & 培根出版社, 1999), 第 204 页。

第八章　故事、神话和仪式的强大力量

1. 韦氏词典, s.v. "传统", 2022 年 3 月 21 日访问, 网址：merriam-webster.com/dictionary/tradition。

2. 埃文·安伯-布莱克,《为新的生命周期过渡创造有意义的仪

式》，见《扩张的家庭生命周期：个人、家庭和社会视角》第 3 版，贝蒂·卡特和莫妮卡·麦戈德里克主编（波士顿：阿林 & 培根出版社，1999 年）。

后记

1. 卡尔·R. 罗杰斯，《论人的成长：一个心理治疗师的观点》（波士顿：霍顿·米夫林出版社，1995 年）。